太上道祖（老子）經・史・論

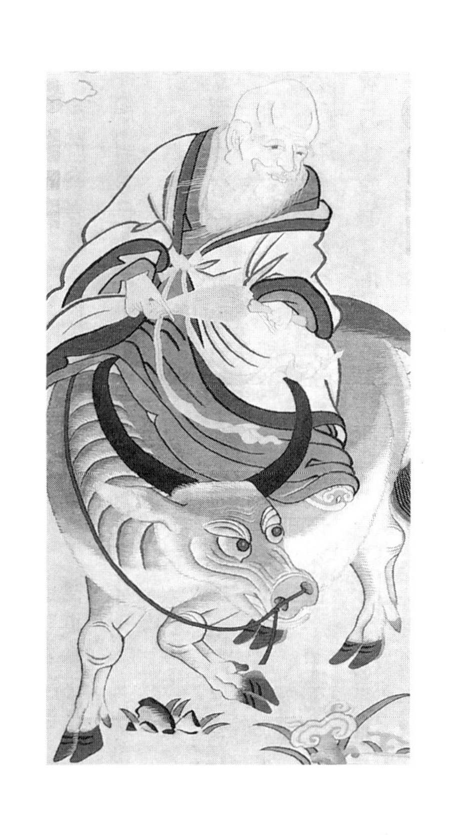

前言

中華民族淵源流長，唯自黃帝始，近五千年的歷史文化道統中，對人性的聖化，首重老子無為之「心性自然之道」與孔子有為的「人格教化之道」。吾人若能進一步將兩者融合貫通，相輔相成，儒道會通，不執其一，為人處事，內外圓融。即能對自己內心世界，了悟自性，達到「真元靈性」的自然流露，一點也不假造作。同時，從隱約中顯出內在「純真」、「樸素」、「美善」的本元氣質。另一方面，對外之行為表現，能恪守三綱五常之倫理道德規範。這種「內心」「外體」合同一貫之道。即為中華道統文化中的「天人合一」之中心思想。

老子「道德經五千文」，魏晉以來以「王弼」和「河上公」兩種版本較為被引用流行，但自一九七三年十二月在長沙・馬王堆三號墓出土的兩種「老子書」之帛書抄寫本，分別稱之為甲本和乙本，甲本字體介於篆棣之間，乙本字體為棣書，據史學家考證可能是出自漢高祖以前的手抄本，也是至今所能見到最早的「老子書」抄本。故今天所出現在書局坊間的原經，文中有些片斷或單字之不同的臆測而有出入。至於「老子經文註釋」部份，古今中外學者，研究和註解「老子道德經」的人難計其數。有從養生方面的如「河上公註」、「呂洞賓註」；從哲學方面如「王弼註」；從政治方面如「唐玄宗御註」、「宋徽宗御註」；又從道教神學方面如「張道陵的老子想爾註」等。而在西方，早在十九世紀上半葉即有了「老子」的譯本。根據聯合國教科文組統計，在世界文化名著中，譯成外國文字發行量最大的是「基督教聖經」，其次就是「老子的道德經」。

至於老子傳記中，關於老子的生世也是一個謎題，連兩千年前的大歷史學家司馬遷也不很清楚，司馬遷在『史記老子傳』中說：「老子者，楚苦縣厲鄉曲仁里人也。姓李氏，名耳字伯陽，謚曰聃；周守藏室之吏也。」至於老子出生年代的考證，一般認為老子生長在春秋時，楚滅陳後之時期較為可信。又「史記・老子傳」說：「孔子適周，將問禮于老子」，除了史記外「孔子世家」、「禮記曾子問」及「莊子天道篇、知北游」等均記載老子與孔子間之對答，可證明老子是年長于孔子的人，也是孔子所師承的長輩。史記又說：「老子見到周朝衰落了，就辭官離開王都，到了函谷關出西域。」如此推斷，老子可能是周平王東遷建立東周時期的人物。又老子出生地，史書均載宋國相邑，後來楚滅宋更地名為楚國苦縣。苦縣究竟當今何地？一說渦水以南的鹿鳴（今河南省鹿邑縣的太清宮）；另外一說為渦水以北的雉水（今安徽省渦陽縣的天靜宮亦俗名中太清宮）。據本書中「道祖史傳」的編纂者馬炳文先生考證史料，認為安徽省渦陽縣的「中太清宮」為老君降生之聖地，而河南省鹿邑縣的「太清宮」為老子傳道的場所。

本書主要編幅分四大部份：㈠「道德經本文」暨「太上道祖演講集」（聖靈解經），其內容係根據道德經本文八十一章順序作解說，係引用「聖賢堂」扶鸞降文之作品。㈡為「道祖史傳」為道教學院教授馬炳文先生的著作。㈢為蒐輯有關老子的論說別記。㈣為老子史蹟圖片及歷代畫相資料。（五）清靜經試解。

總之，為了宏揚本土宗教—道教文化，是吾人的基本宗旨，這本「太上道祖（老子）經・史・論」的出版，是中華道統叢書系列之㈡。希望此書的問世，對研究道教，道家的讀者，提供研究用之參考書。

以上聊書數語，不揣譾陋，是為前言！

賴宗賢　謹識於北市龍江屋

一九九五年六月六日

大道文化之母源——「老水」

一條古東方的河水——黃河，是一條很古老很古老從天上來的「水」，盤旋在神州大地上，孕育著中華民族的命脈，也是大道文化的臍帶，我們敬稱曰：「老水」，今日大道文化的宏興，就叫做「老水還潮」。

中華民族的道統源流是古聖先賢和老祖宗們的智慧薪傳。而「大道」是用生命去實踐的綿延天命；也是救世濟民的靈妙法寶；更是人類生命靈性昇華的憑依和天人溝通的橋樑。故老子道德經廿五章說：「有物混成，先天地生，寂兮寥兮，獨立而不改，周行而不殆，可以為天下母。吾不知其名，字之曰道，強為之名曰大。」所以可以為『天下母』的「道」才可以說「大」。而孕育中華民族的『元母』就是中華民族的「大道文化」，而『中華大道』就成為中華民族的瑰寶珍藏。

中華民族大道文化的光輝，端賴大道文化的弘揚，前人的足跡引領著我們走在「大道」上，一步一腳印，從實踐「大道」中，體悟天地自然的法則，回歸靈性本原的素樸，返樸而歸真，達到生命中天人合一的聖境。『尊天』、『依道』、『行德』是我們實踐「大道」的寶筏。從『尊天』中找到靈性的『母源』；從『依道』中找到生命的『真我』；從『行德』中找到了生活的『圓滿成就』。

廿一世紀即將來臨，中華民族大道文化的閃耀光茫，即將照亮寰宇，世界各國皆有傳揚黃河流域孕育出來的「大道」。而黃河是一條源於天上的「古老之水」，我們敬稱曰「老水」，從中原流向世界各地。而中華民族大道文化的「老水」更洗濯潔淨了人類污濁的心靈，良善的本性已從貪焚、鬥爭中覺醒，生命的本質不是爭鬥，而是像「老水」一樣，源遠流長綿延不絕。這一條「老水」孕育出宏偉的中華民族大道文化。今天我們振興大道文化就叫做「老水還潮」。從世界各地共飲「老水」而存活的苦難同胞們，都將隨著「老水還潮」而認祖歸宗，同尋『母源』。

大道文化之『母源』，源於黃河流域。「中國」是黃河流域衍生出中華民族大道文化後才立國建都的。古時三皇到黃帝的立國建都，就是靠這一條「老水」——『母源』孕育出中華民族的命脈，也灌溉了大道文化之根苗而成長茁壯。所以『

母源』者就是能生！能養！能造化！才有中華民族大道文化的誕生。而「道」就是「母」，「道」是古太極一陰一陽之謂也，即「玄」↓「一」↓「炁」↓「道」，中華民族文化之『母源』就是「道」，中華民族是以「中」立國的國家，表徵著一陰一陽之謂道的兩儀生化，而「道」就是「民族母源」、「文化母源」、「生命母源」、「靈性母源」之總稱。音同「母」字，「道」就是中華民族大道文化的『天下母』，祂表徵「道」的本體，亦是人類生命靈性的本源。

中華大道源於「老水」之稱的黃河流域，其「道源」更溯推於「太上道祖——黃帝」，而「道」本是天人之秘，天人合一的根源，古時仙家探天地秘文，擷天地之精華，述天地之玄理。「仰天俯地、一劃開天」是伏羲得道於天；「觀天之道、執天之行」是黃帝行道於地；而道家始祖——老子首言「道德」，所謂「人法地、地法天、天法道、道法自然」就是引領我們實踐「大道」。從體悟天地之道，進而修煉生命之道，從力行生命之道進而還源於天地的根源，同參天地之造化，是為「大道」教化萬民的啓源。故弘揚「大道」是人人共同的時代使命，謹以誠虔敬心表白於人類共同的始祖——『老天之中』和中華民族『老水母源』的大道文化面前，獻出赤誠來編輯整理並宏揚大道文化，是為祝禱。並提出下列目標，祈望人人共同依循完成使命：

1. 潛心修行，提昇靈性的光輝。
2. 誠心祝禱，叩求世界災難平息。
3. 惜福造福做環保，愛護地球家鄉。
4. 關懷時運、道運，共同扶持國家社會的安定。
5. 大道文化的宏與不分種族、國家、宗教要齊心合力。
6. 闡揚各自信仰教的優點，揚棄門户宗派之我見。
7. 提倡世界宗教宏觀理念，促進種族融合。
8. 促進海峽兩岸文化的溝通交流，共同建設大道文化。

「大道文化編輯中心」的成立，謹將中華民族的道統文化薪傳，及各宗教之道經善書進行整理編輯，以符合廿一世紀人文進步的脈動，使道經善書能朝生活化！多元化！簡單化！人人易學易懂，並將道經善書翻譯成多國語文，流通全世界，將「大道」傳揚九洲萬國，以啓發人類之良善本性，肇建大同世界的景運。

《太上道祖（老子）經・史・論》的發行，是振興中華民族大道文化的起始，「大道文化編輯中心」在大時代的啓導下，祈願世界各民族人類同胞們，找回靈性本原的素樸，從生命共同體的『母源』找回生命中的真愛，是「大道文化編輯中心」發行《太上道祖（老子）經・史・論》的一點點心聲。

大道文化編輯中心　叩禱
一九九五年六月三十日

目錄

壹　太上道德經

貳　道祖史傳

叁　老子論說

恭　讀

太上老君寶誥

志心皈命禮

隨方設教。歷劫度人。爲皇者師。帝者師。王者師。假名易號。立天之道。地之道。人之道。隱聖顯凡。總千二百之官君。包萬億重之梵炁。化行今古。著道德凡五千言。主握陰陽。命雷霆用九五數。大悲大願。大聖大慈。

太上老君道德天尊。

太上道德經

觀玅章第一

道。可道。非常道。名。可名。非常名。
無。名天地之始。有。名萬物之母。
故常無。欲以觀其妙。常有。欲以觀其徼。
此兩者。同出而異名。同謂之玄。玄之又玄。衆玅之門。

第一講　道與名

今天由　我來講「道」，那麼「道」是什麼呢？
『道』這一個字，是表示宇宙萬物尚未形成之前的真理，也表示虛空之間一切有形世界與無形世界的能源。因此人類是難以使用語言與文字，去形容祂，去描述祂。可是世人卻偏偏喜歡以語言或文字去表達這個「道」，而且說得很多很多。依 我看來，這只是口頭之道而已，因為這個「道」如果是可以講出來，或是形容出來，就不是真正本來的「道」了，更不是永恒不變的「道了」。因為講出來的「道」，只是描寫與形容而已與事實畢竟是離開很遠的。

譬如說：一張桌子，就是一張桌子，你就是巧奪天工，畫得跟真的一樣，畢竟還不是真正的桌子，這就是本來的東西與形容描寫的差別距離。

可是世人就是這麼頑固，喜歡門户之爭，都去強調我們才是「道」，你們不是「道」，而且每個人所強調的「道」都不一樣，更造成人與人之間的衝突與矛盾。

因此 我看到這種情形，才發覺到，可以用言語表達出來的，已經不是真正的「道」了。因為這只是形容與描寫而已，而真正的「道」是無法形容描寫的。就好像釋迦牟尼佛在金剛經談到說：「我說法四十九年，實在是沒有說法的，如果你們以後講我有說法，就是在毀謗我。」由此可知，釋迦牟尼佛對「道」的體悟，也是難以使用言語代替的，所以修行的人，如果自已不去體悟「大道」的話，只想依靠別人的說詞，像這樣的瞭解還是離「道」很遠的。

『名』這一個字，是指宇宙萬物還沒有形成之前的「名字」，那個時候宇宙萬物，都沒有「名字」。可是沒有「名字」，才是真正永恒不變的「名字」。

一旦到了宇宙萬物變成有形體，可以看得出來，又可以摸得到的時候，人類就會給它立個「名字」，可是這只是人間的巧立名目而已。因為萬物是經常在變換更改的，因此這個「名字」也就跟著變換更改。譬如人的「名字」，隨著人的死亡之後這個「名字」，也就跟著死亡，所以有「名字」的稱呼，都不是真正長久稱呼。

・所以說「沒有名號」及「沒有名稱」的東西，才是天地之間的原始。

・照這樣說來，「稱呼」與「名字」，不就像萬物的母親嗎？

所以　我說，人的心靈在清清靜靜連一點慾望也沒有的時候，才能觀察出——「一切萬物的本來面目」。如果在心中充滿慾望的時候，所觀察到的，只是萬物的外表而已。

以上兩種人的心境不同，所以所觀察到的事物，當然就有不同的見解與看法，這不是很玄嗎？在如此玄妙之下，我們如果再深入去探討的話，便可得到更玄妙的問題，你相信嗎？所以　我說，研究「道」這門學問，的確是所有玄妙之門中，最玄妙的了，你說不是嗎？

觀徼章第二

天下皆知美之為美。斯惡已。皆知善之為善。斯不善已。
故有無相生。難易相成。長短相形。高下相傾。音聞相和。前後相隨。
是以聖人處無為之事。行不言之教。
萬物作焉而不辭。生而不有。為而不恃。功成而弗居。夫惟弗居。是以不去。

第二講　相對論

假使為了表現美好的形象，就一再去虛偽的巧扮，像這種作為，難道還能算是美好嗎？

如果只是希望行善讓別人知道，才去作善事，那麼這種行為，還能算是行善嗎？

• 因此凡事沒有「有」的感覺就沒有「無」的感覺。
因為「有」與「無」是相對的。

• 沒有「困難」的感覺，就沒有「容易」的感覺。
所以「困難」與「容易」也是相對的。

• 沒有「長」的名稱，就沒有「短」的名稱。
所以「長」與「短」，也是相對的。

• 沒有「高」的名稱，就沒有「下」的名稱。
所以「高」與「下」也是相對的。

・沒有「小聲」的分別，就沒有「大聲」的分別。所以「小聲」與「大聲」也是相對的。

・沒有「前方」的分別，就沒有「後方」的分別。因此「前方」與「後方」，也是相對的。

所以「聖人」知道以上這些相對的問題之後，為了要超越「褒獎」與「煩惱」的包袱，所以他就以無為的心去處事，他不會感到困擾。因此，他對人民的教化，就不喜歡以辯論的語氣去實行。他會學著天地培養萬物一般，不辭辛勞，而且不自傲，更不視為己有一樣的無為。因此「聖人」他以天地之德為榜樣，所以就做了許多事情，可是他做了許多事情之後還是感到自己沒有做一樣。因為他是不想居功的。

所以他往往在大功告成之後就功成身退，不想去佔有這個榮譽。像他這樣寬容大量的涵養，連自己所建立的功德，都不去攀緣，因此反而使他的功德，更是萬古流芳啊！

安民章第三

不尚賢。使民不爭。不貴難得之貨。使民不為盜。不見可欲。使心不亂。
是以聖人之治。虛其心。實其腹。弱其志。強其骨。
常使民無知無欲。使夫知者不敢為也。為無為。則無不治。

第三講　無爲之治

一個人最好不要標榜自己的尊大；就不會讓人去爭取虛名的地位，那麼人與人之間反而能達到和平相處。

不要特別去標榜或是珍藏難得的財物；這樣別人就不會有貪慾的妄念

而淪為盜賊。

因此由以上的啓示，我們就可以了解，如果不去見那些足以起心動念的聲色貨利，心思就不會受到外物的迷惑。

所以「聖人」治理天下的方法，是先教人斷除一切的邪思妄念為首要的步驟。因為能斷除邪思妄念，身心才能神清氣爽，精神飽滿。

再來又教人，消除高傲與自滿的骨氣，及不擇手段的互相競爭之心，能夠這樣的話，爭端就平息了。

再其次是增加人的體魄，就能夠使人自食其力自力更生，更能堅定自己，自強不息的概念，及保持天真和諧的狀態，又沒有偽詐的心智，及爭奪的慾念。像這樣教化人民的方法，縱然有一些詭計多端的陰謀家，也不敢胡作非為了。因此照這樣無為又安然的方法來治理天下。天下那裏還有治不好的道理呢？

不盈章第四

道冲而用之。或不盈。淵兮似萬物之宗。挫其銳。解其紛。和其光。同其塵。湛兮似若存。吾不知誰之子。象帝之先。

第四講　道的功用

「道體」雖然像虛空一樣的渺茫，然而「祂」所產生的能量，卻能讓萬物，用之不盡，取之不竭的效果。「祂」深厚博大的樣子，不就像萬物的宗主嗎？

因此「祂」的本性是虛無瀰漫的，絕不鋒芒顯露，這就是「祂」沒有爭強好勝的鬥心。而且「祂」不與萬物相爭，所以「祂」更有解脫紛擾的寬宏大量。在光明的地方，也有「祂」的存在。在塵埃的地方，也有「祂」的存在。在清靜的地方，也有「祂」的存在。可見「祂」的妙用是如何的廣大又變化無窮，難怪凡俗的人，難以觀察「祂」的跡象，只是說「祂」好像存在的樣子。

「道體」既然如此的玄妙，在天地之間，又無跡可尋，所以　吾也不知「祂」的來歷。但是，「祂」應該在主宰萬物的上帝之前，就有了「祂」的存在了。

編者：由此可知　太上道祖，他心中的悟境，已達無邊無際了。

守中章第五

天地不仁。以萬物為芻狗。
聖人不仁。以百姓為芻狗。
天地之間。其猶橐籥乎。
虛而不屈。動而愈出。多言數窮。不如守中。

第五講　天地與聖人

「天地」真的不仁慈嗎？為什麼將萬物當成祭祀用的草狗一樣，用過之後就不要了。

「聖人」真的不仁慈嗎？為什麼將天下百姓，當成祭祀用的草狗一樣用過之後就不要了。

其實「天地」化育萬物是遍及一切的，「聖人」博愛的精神也是遍及一切的，他們的心境，絕不存有偏狹之心與分別之念。

因此萬物的退化，完全是隨著他們的因果造化，這怎能怪罪「天地」的不仁慈？或怪「聖人」的不仁慈？其實這完全是人民自己所作所為，自己招來的因果禍福啊！

所以說「天地」之間，就好像一個風箱一樣。

如果沒有人去搖動它，它就虛靜無為，但是它生風的本性仍然是不變的，如果有人去拉動它，那麼—風就自然吹出來。

因此，「天地」與「聖人」的心境是無為的，而現在有些人，他的思想不是偏左，就是偏右，不能默守「中庸之道」，常常以為自己很聰明，妄作主張，固執己見，互不相讓，像這種作為，不是聰明反被聰明誤嗎？所以像以上這些多餘的做為，不如守住「中和之道」，譬如說：

・眼睛如果不多看。魂氣就隱藏在肝臟。

・鼻子如果不多嗅。氣就隱藏在肺臟。

・嘴巴如果不多說。神氣就隱藏在心臟。

・耳朵如果不多聽。精氣就隱藏在腎臟。

・身體如果不多動。意氣就隱藏在脾臟。

以上這五種神氣，如果能夠「守中」，身體中的五氣自然歸於本位，濁精自然化元氣，元氣自然化神氣，神氣自然歸於「虛無之中」，這就是修身的要訣，性命的關鍵，學道之人不可不知呀！

谷神章第六

谷神不死。是謂玄牝。玄牝之門。是謂天地根。綿綿若存。用之不勤。

第六講　無形的真神

天地有無形的真神，人體有無形的元神，這就是虛無妙有的，看也看不到的。現在我們就簡稱「祂」為萬物之母吧！

萬物之母，雖然毫無門路可尋，但是，天地萬物無不是從「此」而出，從「此」而入，因此「祂」才是天地萬物的根源呀！

所以「妙有之門」是至虛至無的，是用之不竭，取之不盡的，像這種變化的玄妙，不是現在才有的，而是自古以來就有的。

無私章第七

天長地久。
天地所以能長且久者。以其不自生。故能長生。
是以聖人。後其身而身先。外其身而身存。
非以其無私耶。故能成其私。

第七講　無私之心

從無法計算的年代之前，「天」仍然是這個天，「地」仍然是這個地，可見「祂」的生命是長久的。那麼「天地」為什麼能夠如此的長久呢？

就是因為「祂」不自己生長自己，而生長萬物；不為自己，而為別人。所以「祂」能夠長生。

因此「聖人」，明白這個道理之後，他也學著天地一樣，將自己的事放在後面，將別人的事情放於前面，可是他的靈性，卻在別人之上。

因此他雖然將自己置之度外，但是他的真我，反而永遠長久存在啊！

這就是「聖人」，他沒有私心，反而能成就他的偉大，而且等到他的身體死了之後，他的靈性，永遠超脫三界，不再受到六道輪迴之苦，還受到後人的敬仰，這就是他沒有私心，反而得到了好處。

若水章第八

上善若水。水善利萬物而不爭。處眾人之所惡。故幾於道。居善地。心善淵。與善仁。言善信。政善治。事善能。動善時。夫唯不爭。故無尤。

第八講　上善若水

世人都想學善，今日|吾就來講，最上等的善，到底是什麼？那就是「水」了，為什麼呢？不信的話，我可用以下的比喻去分析之：

「水」的善德，在那裏呢？就是「它」利益萬物，滋潤萬物，也不去爭名．爭利．爭功．爭大。

「水」處在眾人所厭惡又卑下的地方，這就是「它」最接近「道」的作為了。

「水」無論居住在什麼地方，都能隨處而安，真靜自守。

「水」的善德，淵深得很，幾乎難以測量，為什麼呢？因為「它」能夠沉靜，又能和合萬物之用。

「水」施予萬物，皆出自於仁愛之心，這就是「它」的仁慈。

「水」本無言，可是無言之言才是真言，更是信言，如朔望的潮水，皆能適時而去來，這就是水的信言。

「水」以滋潤萬物，就好比處理政治一樣，遇熱就昇華成雨露，多餘就流入江河，如此生生不息的現象，不就是「水」善於處理政治的表現嗎？

「水」在行事方面，又能盡其所長，如行舟渡筏，滋潤萬物，煮飯、燒菜、洗衣、無不是「水」的善能。

「水」在舉動方面，很合乎自然的。如「水」流到圓的地方，「它」就變圓。流到方的地方，「它」就變方。

氤氳的時候，「它」就會下雨。
晴天的時候，「它」就昇華。
人如果能夠像「水」一樣，不違背天時行事，不妄做，不妄為，不妄言，這才是學習「水」的善德。
「水」不與它物相爭，所以它物也不會與「水」相爭，這就是「水」以「和」的表現。所以如果人能夠學「水」的涵養與和氣，自然也不會有錯誤之紛爭了。

持盈章第九

持而盈之。不如其已。揣而銳之。不可常保。金玉滿堂。莫之能守。富貴而驕。自遺其咎。功成。名遂。身退。天之道。

第九講　爲人的道理

為人的道理，應該知道進退的分寸，凡事適可而止，不要自誇自大，因為自信、自滿的人，往往就像水溢流出來一樣，得不償失的，倒不如放下自滿、自大的心，使得自己安謐恬適。

自恃聰明才智，而且還鋒芒顯露的人，將會受到別人的排斥與嫉妒，因而這種人就不可能受到別人的擁戴與愛護。

金與玉雖是珍貴之物，但仍是身外之物，因此縱然富有之人，金玉堆積滿堂，一旦臨命終時，還是守不住的。所以修道之人，倘若能直取身中之金玉，養「性命之真常」才是用之不盡，取之不竭也。

還有富貴之人，如不生驕傲之心，他人必定會以謙恭之心禮敬於你。倘若貪戀富貴，又驕傲自得，這將使人嫉妒批評，又是自取禍殃的開始。只有功成身退的人，才是最合乎自然的天道了。

玄德章第十

載營魄抱一。能無離乎。專氣致柔。能嬰兒乎。
滌除玄覽。能無疵乎。愛民治國。能無為乎。
天門開闔。能為雌乎。明白四達。能無知乎。
生之畜之。生而不有。為而不恃。長而不宰。是謂玄德。

第十講　修道難易

修道説容易也容易，説困難也困難，因為心一外馳，魂就與魄相離，那麼你們能夠保持神不外遊，意不散亂嗎？你能夠專守先天的元氣，如嬰兒赤子一樣，保全天真柔和的本性嗎？你能洗除貪執之心，自淨其意，使心靈清淨澄澈而毫無瑕疵嗎？你能在愛國家、愛民族，或治理國政的時候，保持一種天真博愛自然無為之心嗎？

人心為一身之主，那麼你的一身之主，在喜、怒、哀、樂出入動靜的時候，是不是經常守住安樂柔弱呢？你們能夠在事物完全明白之後，還能保持不以聰明為驕傲，而守住無見、無聞、無為、無欲的境界嗎？

以上這些道理，其實都是要你們學習「天地」一般，因為「天地」雖生長萬物，養育萬物，但是「祂」仍然不把它當成自己的。「祂」生育萬物，養育萬物，做了天下的事，仍然還不依恃自己的才能。長養育化萬物還不認為自己是主人翁。像「天地」這種作為，便可稱為最深、最厚、最高、最遠，更難以立名的德行了！

虛中章第十一

三十輻。共一轂。當其無有車之用。

埏埴以為器。當其無有器之用。

鑿戶牖以為室。當其無有室之用。

故有之以為利。無之以為用。

第十一講 「無」的用處

・車輪要三十支徑木，插入中間的軸心，這個車輪才有作用。

・製造盛物的器具，要留個中空的地方，這些器具才能盛物。

・建造房屋，開鑿門窗，要留個空間才能住人。

所以說，有形的東西是給人方便使用的；無形的空間，才是活動的地方。如天與地之間是「中空」的，只有「中空」才能讓萬物來去無阻，通行無礙。如天與地之間，沒有這個「中空」的地方，萬物就沒有活動與生化的餘地了。

編者：所以　太上道祖在這章是要我們去體悟「有」與「無」的妙處，造化天地與育化萬物的妙用。

爲腹章第十二

五色令人目盲。五音令人耳聾。五味令人口爽。馳騁田獵。令人心發狂。難得之貨。令人行妨。是以聖人。為腹不為目。故去彼取此。

第十二講　追求外在的人

追求外在的形色，將離去「本性」的靈明，譬如：聲色貨利本是身外之物，但是受到眼睛物欲的影響，就會流逸奔馳，因此，五色使人的「本性」趨於迷盲，就是這個原因。

貪求外在的聲色，也會使人「本性」蒙蔽，一旦蒙蔽了「本性」，正法的聲音就難以聽入心靈之中，像這種人不是好像耳聾的人嗎？

人一旦貪求食物的滋味，「本性」便被味覺所惑，所以五味常使人的「本性」流逸奔放，而不知「本性」之中，淡中有味，如孔子曰：「飯疏食飲水，而樂在其中」此就是真味也。

如果人無所事事，每天騎著馬追逐鳥獸，打獵競技，像這種人將會使自己瘋狂於鬥爭之心，導致身心不寧，而迷失天賦之「本性」。

擁有珍貴寶物的人，常使自己行動受到妨礙，而且過份追求虛榮的人，往往往會不顧節操，而身敗名裂。

因此「聖人」知道物慾之害，所以在為人處事方面，就不去強求物質的享受，一心一意，常養性中之腹飽，不受外物而亂心，就是這個原因！

寵辱章第十三

寵辱若驚。貴大患若身。
何謂寵辱若驚。寵為上。辱為下。得之若驚。失之若驚。是謂寵辱若驚。
何謂貴大患若身。吾所以有大患者。為吾有身。及吾無身。吾有何患。
故貴以身為天下者。可以寄天下。愛以身為天下者。可以託天下。

第十三講　寵愛與羞辱

世人皆注重於「寵愛」與「羞辱」的差別，所以一旦遇有外來的寵愛或是羞辱，就感到驚慌而不知所措。而「聖人」就不同了，他對於別人的寵愛，就好像我們有這個身體一樣的禍患，因為人身是四大（水、火、風、土）假合。為什麼不想受人寵愛呢？因為寵愛就好像功名富貴，有一天恐怕又要失去。而羞辱就好像被辭職的人，將要受人嘲笑。

又為什麼有身體是禍患呢？因為人生在世，有了此身便有生、老、病、死之苦，所以「聖人」便將這個身體當做禍患。因此他將別人的寵愛與羞辱，就看成我們有這個身體一樣的禍患。

所以有「道」的人，他雖然得到尊榮的地位，但是他不視為自己的榮耀。因為他認為自己的尊貴，就是天下人的尊貴。自己的榮耀，就是天下人的榮耀。像這種有「道」之人，我們才可以把天下交給「他」。

編者：後二段是講　太上老君的胸襟與心懷，這是何等的慈悲與至上的愛

道紀章第十四

視之不見。名曰夷。
聽之不聞。名曰希。
搏之不得。名曰微。
此三者。不可致詰。故混而為一。
其上不皦。其下不昧。繩繩兮不可名。
復歸於無物。是謂無狀之狀。無象之象。
是謂恍惚。迎之不見其首。隨之不見其後。
執古之道。以御今之有。能知古始。是謂道紀。

第十四講　無相、無聲、無形

看不出什麼東西就叫做「無相」。

聽不出是什麼聲音，就叫做「無聲」。

摸不著的東西，就叫做「無形」。

以上三樣，無相、無聲、無形就是「道體」的微妙，所以世人是看不見，聽不到又摸不著，因此「道體」是不可思議的。

雖然「無相・無聲・無形」的理論可以分開來說，可是「祂」的本體其實還是混合的。

□有形的世界就不同了。

・凡是有一邊明的，就有一邊暗的。

・如上面是明的，下面就是暗的。

□「道體」的微妙和有形的世界也就不一樣了。

・「祂」上面不是明的，下面也不是暗的。

・「祂」綿綿不絕，充塞於天地。宇宙之間，似乎有個物體，又難以立言。

・「祂」畢竟是非常虛無的東西。

・「祂」生長了萬物，但又好像不是「祂」生長的。

這就是沒有形狀的「形狀」，沒有物體的「物體」。所以有人說「道體」為恍惚不定的，是好像有，又好像沒有似的。為什麼會這樣子呢？

・因為你想在前面去迎接「道體」的話，根本也看不到「祂」的前頭。

•你要是想在「道體」後面跟著「祂」，你還是看不到「祂」的尾巴。

因此「聖人」就是秉持著，這「古始」以來就存在的「道」，去治理世間的一切。所以我說能夠知道「古始之道」的人，就能知道「道」的系統的人。因為這個系統，就是「道」的綱紀呀！

不盈章第十五

古之善為士者。微妙玄通。深不可識。

夫唯不可識。故強為之容。

豫兮若冬涉川。猶兮若畏四鄰。

儼兮其若客。渙兮若冰之將釋。

敦兮其若樸。曠兮其若谷。渾兮其若濁。

孰能濁以止。靜之徐清。孰能安以久。動之徐生。

保此道者。不欲盈。夫唯不盈。故能弊不新成。

第十五講　古代的有道之士

古時候的有「道」之士，他們的「靈性」是微細奧妙的，他的「本性」是永遠通達的。這都是外人難以窺測，難以了解的玄機。就是這樣難以窺測「他」的玄機。如果要去描述古時有「道」之士的話，也只能勉強形容而已。

「他」在處理事物方面的行動，絕對不會急迫衝動。就好像古時候的「豫獸」一樣，一定要等到冬天河水的冰結凍了，才敢走過去，否則未等到河水結冰，就魯莽走過去，不是等於自己去送死嗎？

「他」慎獨的工夫，就好像古時候的「猶獸」要下山一樣的謹慎，不敢擾動山下村莊的百姓，否則牠的生命就危險了。

「他」為人恭敬的樣子，就好像身為主人禮遇貴賓一樣的謹慎，不敢輕舉妄動。

「他」在心性清靜方面，對一切外緣的干擾心不染著，就好像春天的冰，自然的解凍散開一樣。

「他」心中淳厚的本性，就好像一塊木頭尚未雕琢一樣的樸實無華。

「他」心胸的開闊，就好像空曠中的山谷，能夠虛受一切，涵容萬物。

「他」有大智若愚的美德，將自己混合在污濁的水中一樣。

這就是「聖人」不自以為自己是「聖人」，所以才成為「聖人」。凡人自命不凡，所以才越像一個凡人的道理呀！

因此能夠保持以上這章道理的人——

「他」一定是虛心知足的人，不自滿，不自傲的人。
「他」不自滿，不自傲，只是為了世人著想，反而使自己得到「永生之道」。

復命章第十六

致虛極。守靜篤。萬物並作。
吾以觀其復。夫物芸芸。各歸其根。
歸根曰靜。靜曰復命。復命曰常。知常曰明。
不知常。妄作凶。知常容。容乃公。公乃王。王乃天。
天乃道。道乃久。沒身不殆。

第十六講　致知的極點

・如果人能夠致知，達到「虛無妙境」・「虛空妙有」的時候，便可達到

「大智慧」的極點。

・能誠心誠意的守靜達到最高的止境時候，那麼萬物的生長、孕育、死亡，我們就能夠從無形的「炁胞」，觀察到有形的物體；又從有形的物體，觀察到無形的「炁胞」。

・這些生生化化的過程，我們不難去發現「祂」——週而復始，循環不息的奧妙。

・因此雖然萬物是眾多的，但是最後還是要回歸到生命的根源。

・所以萬物回歸到自己生命根源的，就叫做「靜」。

・靜也就是回復到自己真我的生命。

・回復到真我的生命，才是真正的長生。

・知道什麼是長生的人，可說是明白什麼是「假我」，什麼是「真我」的人。

・如果不明白「靈性不滅」的人，大多是胡思亂想，或是異想天開的人，因此容易輕舉妄動，一旦輕舉妄動，往往就要招來災殃了。

・因此想珍惜「真我」的人，他能容受一切，無所不包，所以這種人的心胸開朗，更是「大公無私」的人。

- 像這樣「至公無私」的人。就會將挽救蒼生視為己任，這就是「聖人」了。
- 所以「聖人」也稱為「王」，既然是「王」，必然是順天行事了。
- 能夠順天行事，就合乎「真常之道」了。
- 能夠合乎「真常之道」的人，就是假我的肉體死了，也不會墮入六道輪迴了。

知有章第十七

太上。不知有之。其次親之。譽之。其次畏之。其次侮之。
故信不足。焉有不信。猶兮其貴言。
功成事遂。百姓皆謂我自然。

第十七講　國君的治世

上古時候，有德的聖君，行不言之教，處無為之事，使天下百姓不知不覺的自化，如此人民暗受聖君的恩賜，仍然不知道有聖君的存在。

再其次的賢明國君，雖然不能像上古的聖君一樣淳樸無為，但尚能以德教化百姓親近百姓，如此仁德的國君，還能得到天下百姓的稱讚頌揚。

再其次時期的國君，他教化百姓，就以刑政與賞罰去治理人民，這時候的人民，就知道畏懼國君了。

最差一等的國君，就無道無德了，他只會以權術愚弄人民，所以人民也就開始輕視侮辱國君了。這是什麼原因呢？就是因為這種國君本身的誠信不足，所以人民也就不相信他呀！

因此想要達到上古淳樸的治世風氣，首先必要先貴重他的號令，誠信他的語言。使人民都能安居樂業，日出而作，日入而息，鑿井而飲，耕田而食，人人都能順利將自己的事做好，這種國君的治世，才可算是大功告成了。可是大功告成之後，人民還是不曉得這是國君的功勞，反而說：「這是很自然的事嗎？」所以這種國君的治世，才是最上等無為的國君呀！

四有章第十八

大道廢。有仁義。
智慧出。有大偽。
六親不和有孝慈。
國家昏亂有忠臣。

第十八講　仁義與孝慈

很多事情是很巧妙的，不相信你看，當大道難行於世的時候，才顯出仁義的可貴，大道普行的時候，反而現不出仁義在什麼地方，也不知什麼叫「仁義」。就好像上古時代，人心純樸，順天行事，大道普行。

到中古時代大道就漸漸難行。因此至聖孔子看到大道就要廢棄時，便大力提倡「仁義」。這也是大道之廢棄以後，才出現的「仁義」呀！一旦到了科學越發達，社會越文明的時候，人心越奸巧虛偽，到那個時候，人民也不遵守仁義道德了，因此，投機取巧，欺詐攻訐的事，也就層出不窮了。

當六親和的時候，雖然有孝慈的人，但因為六親祥和，就顯不出有什麼孝慈。而且因為人人孝慈，則不知誰是孝慈，一旦在六親不合的情況下，倘若有人還能行孝慈的事，這就難能可貴，而且更能顯出這人的孝慈。

有忠臣必有奸臣，但是在天下太平的時候，就顯不出誰是忠臣，誰是奸臣，一旦到國家戰亂的時候，奸臣則賣國求榮，忠臣便盡其無私之心，捨身報國。成為萬古不朽的忠臣之名。因此是「國家昏亂，有忠臣」。

樸素章第十九

絕聖棄智。民利百倍。
絕仁棄義。民復孝慈。
絕巧棄利。盜賊無有。
此三者。以為文不足。故令有所屬。
素見抱樸。少私寡欲。

第十九講　回復純真

真正的「聖人」，不自以為「聖人」，如至聖先師孔夫子，在世的時候，以「聖人」之行，但不以「聖人」之名自居，反而使他的聖名長久，就是因為他能夠棄除智巧的心機，順其自然，反而能夠讓人民學習他言行的榜樣，這對人民來說，是利益百倍的。

在力行仁義的時候，也是一樣，不必刻意去標榜自己，能夠這樣的話，人人才能回復到孝慈的自然本性。比如說，人人都不以奸巧的手段去騙人，那麼其他的人，就不會起盜賊之心了。

以上這三種理論，有些人認為是多餘的，是難以感化天下。所以我就另外傳下一種啟示，來教導天下的百姓。就是持守樸素純潔，少思寡慾，回復到純真的本性。

食母章第二十

絕學無憂。唯之於阿。相去幾何。善之於惡。相去何若。

人之所畏。不可不畏。荒兮其未央哉。

眾人熙熙。如享太牢。如登春臺。

我獨泊兮其未兆。如嬰兒之未孩。乘乘兮。若無所歸。

眾人皆有餘。而我獨若遺。我愚人之心也哉。純純兮。

眾人昭昭。我獨若昏。眾人察察。我獨悶悶。

忽兮其若海。漂兮若無所止。眾人皆有以。我獨頑且鄙。

我獨異於人。而貴食母。

第二十講　視萬物爲一體

你看只要斷絕奸巧的心思，反而使人沒有分別計較的憂愁。

比如在接待對話之間輕輕和氣的回答「唯」，和不耐煩忿怒的回答「啊」，這兩句話同樣是聲音，相差沒有多少？雖然相差沒有多少！可是在別人聽到耳裏的感受就不同了。

一種是覺得良善的，另一種就覺得惡意的。所以只是一句話的應聲回答，良善與惡意，就很明白的表露出來，相信每個人都覺得很可怕，我也一樣，不能不怕呀！

・可是世人不修心德，心田寶地都好像荒廢的田園一樣，忿恨貪慾的雜草到處叢生，不去修剪。

・這種貪欲無厭的樣子，就好像要參加豐盛的筵席一樣，很想嚐試。

・又像春天登上高台，遠眺風景一樣的愉快。
・唯有我的心境淡泊恬適，心清意定。
・就好像嬰兒在母體的懷抱中，好像動，又好像不動，沒有思慾，也沒有煩惱。
・像這種不沾染世俗的樣子，又好像無所歸的遊子一般。
・不像世人自得意滿，尤其在追求功名利祿的時候，就好像有用不完的才智與能力。
・而我的才智與能力，就好像遺失一樣，心境之中空空洞洞。
・我真像個愚人啊！是那麼的無知無識，渾渾沌沌的。
・尤其世人的眼目，謀慮多端，就好像很精明銳利的樣子。
・唯有我昏昏昧昧，像無知的小孩一樣。
・還有世人斤斤計較的樣子，就好像很會分別。
・唯我像沒有知識的人，不知不識的樣子，不知道怎樣去分別與計較。

·哈！我的心，恬淡寧靜，就好像大海一樣的深闊廣大。

·像風一樣的飄搖自在，不執著一定的住所。

·世人都仗恃自己聰明才智，以為自己很有作為。

·而我呢？就像一位愚頑又鄙陋的粗人。

唯有我跟世人不一樣，是因為我一心以「道」為重，視萬物為一體，就好像時時要吸食母奶的嬰兒一樣。得到母乳，性命可全，失去母乳，性命就難保了呀！

從道章第二十一

孔德之容。惟道是從。道之為物。惟恍惟惚。
惚兮恍兮。其中有象。恍兮惚兮。其中有物。
杳兮冥兮。其中有精。其精甚真。其中有信。
自古及今。其名不去。以閱眾甫。
吾何以知眾甫之然哉。以此。

第二十一講　道的顯現

如果想去洞悉「德」的真實面目，惟有從「道體」之中，才能夠找出目標與答案。

那麼「道體」又是什麼呢？「祂」本自無形，又無一定的形象。是恍恍惚惚的，說「有」又「無」，說「無」又「有」。

可是在這恍惚之間，「祂」又具備一切的形象，在這恍惚之中，「祂」又包涵了天地一切萬物。「祂」是那麼長遠，又是那麼幽深，在這長遠幽深之中，具有生命之源的東西，難以窺測的原素與原理。而這些原素與原理又是非常真實的。

如天地沒有這些原素，天地不能悠久，人類沒有這些原素，人類就不能生存。而且其中又包涵了應用不失其時的信驗，與循環不息的根據。所以「祂」從古代到今天，「祂」一直還是存在著，「祂」的名字也沒有消失，更沒有改變。像這些跡象已足以讓天下人，去印證去體會。但是 我何以發現這些呢？就是「道」給 我的啓示。

抱一章第二十二

曲則全。枉則直。窪則盈。弊則新。少則得。多則惑。
是以聖人。抱一為天下式。
不自見故明。不自是故彰。不自伐故有功。不自矜故長。
夫惟不爭。故天下莫能與之爭。
古之所謂曲則全者。豈虛言哉。誠全而歸之。

第二十二講　不用爭奪的爭奪

依我看來——

• 能夠虛受委屈的人。

「他」的心境一定是很完全的。

• 能夠涵受冤枉的人。

「他」的心性一定是最坦蕩率真的。

• 能夠低聲下氣的人。

「他」的心靈一定很充盈圓滿。

• 能夠忍受穿用破舊衣物的有德之士。

「他」的心地，一定非常清新。

• 能夠減少自己慾望的人。

「他」的心中，反而什麼都有，什麼都得到。

• 太貪求外在物質的人。

「他」的內心也是最迷惑的時刻。

・因此聖人的心境是充實的。
「他」抱持著心的原點——「佛性」，就足以為天下人的模範。

所以說——

・不固執自己成見的人。
「他」的心才能夠明白。
・不自以為是，認為自己不是全對的人。
「他」的德性才能夠彰顯出來。
・不誇耀自己功德的人，才是最有功德的人。
「他」將功德保全於心性之中，沒有遺漏。
・不誇耀自己才幹的人，「他」的才幹才能長久。
「他」不驕不傲，更受人尊崇。
因此古人所說「委屈就是完全」的道理，難道是虛偽的言語嗎？所以說能夠時時「誠於中」的人，天下自然就歸向於「他」。因為「他」不與人爭奪，但是「他」不與人爭奪，反而天下的人，沒有一個人可以跟「他」爭奪。

同道章第二十三

希言自然。飄風不終朝。驟雨不終日。孰為此者天地。

天地尚不能久。而況於人乎。

故從事於道者。道者同於道。德者同於德。失者同於失。

同於道者。道亦樂得之。同於德者。德亦樂得之。同於失者。失亦樂得之。

信不足焉。有不信焉。

第二十三講　自然之道

減少言論的爭辯，更合乎自然的道。

你看！狂風刮不了一早晨，他自然就停止了。暴雨下不了一天，它也難以再下了。誰刮的狂風？誰下的暴雨？就是天地啊！誰能比得上天地呢？天地這麼大，如果不順乎自然而為，尚且還不能長久。更何況是我們這些小小的人呢？何必去違反自然，去爭辯是非呢？

所以說，想修行大道的人。如果面對一位有「道」的人，我們就以「道」來互相研究討論。如果面對一位有「德」的人，我們就以「德」來互相勉勵。如果面對一位「失意」的世俗人，我們就以「慈悲」的心，去安慰他。

能夠這樣做的話，你跟有「道」的人在一起，有「道」的人也感到很快樂。你跟有「德」的人在一起，有「德」的人也感到很快樂。你跟「失意」的世俗人在一起，「失意」的人也感到很愉快。因為無形的「道」，是很微妙深遠的。可是有些人，對「道」就是信心不足，有些人，根本不信，所以你就是強辯，也是沒有辦法使他相信啊！

不處章第二十四

跂者不立。跨者不行。自見者不明。自是者不彰。自伐者無功。自矜者不長。其於道也。曰餘食贅行。物或惡之。故有道者不處。

第二十四講　多餘的貪吃

・凡是腳跟不著地，只想翹起腳尖，而要出人頭地的人，反而因站立不穩常會跌倒。

・凡是跨著大步，想要走快的人，反而因走不了多遠，就要累了。
・以私我之見，而好求於表現的人，反而會令人唾棄，更讓人覺得他的心性還是不清明。
・以為自己的意見是全對的人，反而讓人不敢苟同，覺得他的意見有些偏差，如此一來，他的意見，反而不能得到贊同。
・自我稱功的人，反而讓人覺得他是一位好炫耀的人，反而讓人懷疑他所說的功勞。
・經常自我誇耀自己本事的人，也是一樣，會讓人否定他的能力。因為他驕傲的缺點已顯露出來，還有什麼真正的長處。

以上這些好勝好強的行為，站在「道」的觀點來看，就好像肚子已經飽了，別人叫你再吃，不是等於多餘的貪吃嗎？像這種行為，動物植物之類的東西尚且討厭。更何況我們是萬物之靈的人類。

因此有「道」的人，了解這些道理之後，就不會這樣了。

混成章第二十五

有物混成。先天地生。

寂兮寥兮。獨立而不改。

周行而不殆。可以為天下母。

吾不知其名，字之曰道。強為之名曰大。

大曰逝。逝曰遠。遠曰返。

故道大。天大。地大。王亦大。

域中有四大。而王居其一焉。

人法地。地法天。天法道。道法自然。

第二十五講　道的眞面目

・「道」的真實面目就是無名的，但是我們相信——

「祂」是一個大物體，一個混合物。

「祂」即是鴻濛未判之前，天地未分之前的「無極」。

「祂」在天地之未分前，就有了，所以是先天地而生。

「祂」沒有聲音，也沒有形相。超然於萬物之上。

「祂」是亙古不會改變的。

「祂」周行天下，循環不息。

「祂」主宰生生化化，萬物沒有一樣不是依靠「祂」。

「祂」可以說是天下萬物的母親啊！

・像這種微妙的變化，吾不知道怎樣去稱呼「祂」。只好給它取個名字，叫做「道」。

・如果再勉強取一個名的話，就應該稱為「大」。

・大到沒有極限，不就是消逝了嗎？所以這個「大」也不是最恰當的名稱，應該稱為「逝」。

・消逝到極限，不就是很遠了嗎？所以這個「逝」也不是最恰當的名稱，應該稱為「遠」。

・到了很遠的地方，又能夠循環回來，不就是返了嗎？所以這個「遠」也不是最恰當的名稱，應該稱為「反」。

因此能夠生天生地生萬物的「道」是最大的。其次是能夠覆蓋一切萬物的「天」，它也是大的。再其次是能夠承載萬物的「地」了，它也是大的。再其次就是能盡天地之德的「聖王」了。

所以在宇宙之中，可分為四種「大」。而「聖王」就居於其中的一種。但是世人只知道「聖王」——「大」，而不知「聖王」之所以為「大」，乃是效法於「天地之德」。因此人受「大地」的承載之恩，也應該效法「大地」才是。「地」受「天」的覆蓋，所以「大地」也時時刻刻在效「天」的法則而運轉。然而「道」又是「天」的依歸，所以「天」也是效法「道」的法則而周流不息。

而「道」呢？「祂」是生天地萬物之母。「祂」是無為的。像這樣無為而為的做法，不就是好像「祂」是在效法「自然」嗎？因此我們修道、行道最後的步驟，也當效法「道」的「無為」「自然」，也就是說有功德於天下，也不去居功，有能力也不仗恃自己的才幹，這樣才能達到「無爭」‧「無欲」‧「無為」的自然境界。

輜重章第二十六

重為輕根。靜為躁君。

是以君子終日行。不離輜重。

雖有榮觀。燕處超然。

奈何萬乘之王。而以身輕天下。

輕則失臣。躁則失君。

第二十六講　輕與重

心性穩重原是輕浮妄動的根基。心性清靜鎮定本是急躁暴氣的主人。

所以「聖人」，終日之間，不離穩重清靜的心。如果有外出的時候，因為身份極為榮貴，所以離不了載著衣物糧食的兵車。雖然外表看來是極為尊貴又美觀，可是他的心仍然要安然穩重，不可受到尊貴美觀而紛擾心境。

可是有些擁有萬輛兵車的君王，他就不同了，他不知道以自身的修養為重，而輕浮妄動於聲色貨利之間，因此他不知自重，自身就輕了，所以這就是他自取滅亡的時候。

所以我說，輕浮的人，他就是想早日失去自己的根本。就好比躁動的國王，想早日失去他君主的尊位一樣。

襲明章第二十七

善行無轍跡。善言無瑕謫。善計不用籌策。
善閉無關鍵。而不可開。善結無繩約。而不可解。
是以聖人。常善救人。故無棄人。常善救物。故無棄物。是謂襲明。
故善人者。不善人之師。不善人者。善人之資。
不貴其師。不愛其資。雖智大迷。是謂要妙。

第二十七講　至善的人

・「至善」的人，他行善於天下，心裏沒有虛偽的做作，也不讓別人知道的念頭，因此他的心中，絲毫不留下行善的痕跡。

•「至善」的人，他說話的時候，純粹是自然本性的流露，因此他所說的話，就是真理。所說的既是真理，當然就讓人心服口服，所以也就沒有缺點讓人責備。

•「至善」的人，他的心就是「佛」，「佛」就是他的心，所以他所做的事，不用什麼計劃，一行一動，都是仙佛的顯現。不像凡人，想做好一件事情，都是用盡心機，結果無論怎麼算，怎麼計劃，所做的事，還是離不了因果輪迴。

•「至善」的人，他的心境，物我兩忘，純粹自然無為，不去執著身外之物，所以他的心門，不必使用門鎖，別人也偷不了他的解脫之心。不像凡人的巧設機關之門，裝設門鎖，可是最後還是被奸詐之徒破壞。「至善」之人，他立了誓願要救渡天下之人，因此他時時刻刻不會將這個誓願忘記，因此天下的人，也時時刻刻沒有忘記他的恩德，像這種不必立下條約，不必交換信物的約定。有誰又能夠解開他們的約定呢。不像凡人經常以信物約定，或是立了契約書，好像已經用約定將兩個人綁住，可是到後來，還是難免有一方黃牛，而解除了約定。

所以「聖人」，他有以上「至善」的心境，因此他常常懷著善良的本心去救助別人。他認為教育是不分別的，所以他不嫌棄人的貴賤或貧愚，一樣的施以教化。所以他的心與萬物合而為一，因此他無論對動物或植物，都沒有毀損與輕棄的念頭。這就是「聖人」他承襲古人的明德啊！

．「至善」的人，他的言行，很合乎「大道」，就成為不善之人的老師。不善之人的作為，就成為至善人的資料。

．「至善」的人，仍然不會執著擁有老師的資格。因為他希望每個人都是「至善」的人，所以他也希望，以後再也沒有不善的事成為他的資料。

．「至善」的人，雖然他有超人的智慧，可是他仍然大智若愚。這才是了解真理的人，更是悟到精深之道的人。

常德章第二十八

知其雄。守其雌。為天下谿。為天下谿。常德不離。復歸於嬰兒。
知其白。守其黑。為天下式。為天下式。常德不忒。復歸於無極。
知其榮。守其辱。為天下谷。為天下谷。常德乃足。復歸於樸。
樸散則為器。聖人用之。則為官長。故大制不割。

第二十八講　剛强與柔順

□如果知道什麼叫做「剛強之道」的人，他反而會守住「温和柔順的謙虛」。為什麼呢？

・因為能夠這樣的人，就好像叢山之間的水溝，以卑下自處，自然成為眾流之所歸。

・能夠像眾流之所歸的人，他更不敢離開他的德性。

・就好像回歸到嬰兒的時代，那樣的無知，那樣的純真。

□如果知道什是「真正潔白光明」的人，他反而會像一位「昏昧無知的傻人」一樣。為什麼呢？

・因為他有內在的涵養，與眾人打成一片又沒有自傲的表現。

・這才是天下人的榜樣。一個人能夠為天下人的榜樣，他的德性便不會差錯了。

・那麼這種人的心境是什麼呢？他的心境就回復到原始之前，那樣的無知無識，好像渾然忘我的境界。

□知道什麼是「真正光榮的人」，他反而會守住「低下賤卑之道」。為什麼？

・因為能夠這樣的人，就好像是山谷一樣能夠虛受一切，自然能使人歸服。

・但他的德性反而比別人充足。就好像回復到木頭未割開以前的純樸無華，那麼的真實，那麼的完全。

但是木頭割開以後，只能成為一種器具使用。所以「聖人」守住這「無為的樸」，就能包涵一切器具的長處。不像裁成的器具之後，只能有一種用處。

・所以「祂」不就成為一切器具的主人翁嗎？因此大有作為的「聖人」——他寧願守住「純真」・「樸素」・「無華」。

・不願意像木頭割裂開成器具之後，滿身粉飾，而且又帶著虛偽的外表。

自然章第二十九

將欲取天下而為之。吾見其不得已。天下神器。不可為也。為者敗之。執者失之。故物或行或隨。或呴或吹。或強或羸。或載或隳。是以聖人去甚。去奢。去泰。

第二十九講　不要違背天意

如果有人為了滿足私慾，去奪取天下，吾的看法是不可能的。因為天下是一種很神聖的東西，不是有強暴武力的人，就可以去控制祂。也不是聰明自用的人，就可以佔有祂。

因此如果想以武力去控制它的人，最後都會得到失敗的後果。如果想以私慾去佔有它的人，最後都會嚐到失望的痛苦。

因為人雖然是萬物之靈，可是也離不了物體的原理。譬如說——

・當你想走在前面，結果還是有人走在你的前面。當你想走在人的後面，結果後面還是有人跟隨。

・當你張開口，慢慢的呼一口暖和之氣，後面就有一陣風，將你的暖氣吹散。

・當你想成為最強的人，總是還有人比你更強，因為人的身體總有衰弱的一天。

・如果你想扛載重物，不久你就累了，你又要將所扛載的東西放下來。

所以「聖人」知道這些道理之後，他就不想去做過份的事，也不想去做誇大與不實的事，更不想去做不必要的事。

不道章第三十

以道佐人主者。不以兵強天下。其事好還。

師之所處。荊棘生焉。大兵之後。必有凶年。

故善者果而已。不敢以取強。

果而勿矜。果而勿伐。果而勿驕。果而不得已。是果而勿強。

物壯則老。是謂不道。不道早已。

第三十講　不可仗勢兵强力壯

知曉使用「道」去輔佐國君的人，是不會仗恃自己的兵力，而去逞強得天下的。因為用兵去殺人的事，對方一定不服氣，一旦有機會，對方也會想盡辦法來報復殺人洩恨的。而且兩軍戰鬥所到的地方，農夫不能順利耕耘，都讓雜草到處叢生。等到戰鬥之後，人死的死，逃的逃，病的病，這些都是造成凶荒之年的主要原因。

因此，善於用兵的人，是為了不使殘民害國的事繼續漫延，是為了討伐侵侮橫行的行為才用兵，他是在不得已的情況下才用兵，只是求得平息亂世而已。所以，善於用兵的人，不敢仗持自己的兵力，就去侵犯鄰邦。

而且善於用兵的人，於戰事平息之後，就不再炫耀自己的能力。也不誇耀自己的功勞。更不以驕傲的眼光去看待別人。因為，他認為戰爭之事，是不得已才戰的呀！所以，等到戰事平定之後，就不再逞強兵力了。因為逞強不是長久之道。譬如萬物，循著自然軌道行走，由成長而壯大，由壯大而衰老，由衰老而死亡。所以仗恃逞強的行為，是不合乎「大道」的！既然知道不合乎「大道」，就要趕快停止好強、好勝、好戰之心。

貴左章第三十一

夫佳兵者。不祥之器。物或惡之。故有道者不處。

君子居則貴左。用兵則貴右。

兵者。不祥之器。非君子之器。

不得已而用之。恬淡為上。

勝而不美。而美之者。是樂殺人。

夫樂殺人者。不可得志於天下。

吉事尚左。凶事尚右。偏將軍處左。上將軍處右。

言以喪禮處之。殺人眾多。以悲哀泣之。戰勝則以喪禮處之。

第三十一講　用兵之道

・勇猛的精兵，銳利的兵器，精巧的戰艦，都是最好的兵器，可是它們都是殺人甚速的武器。

・它們都是不吉祥的東西。連一些動物、植物或許都討厭它。

・所以有「道」的君子，是不輕易去使用它的。因為有「道」的君子，平時都注重——心平氣和。只有在用兵的時候，才使用「陰謀的殺機」。

・「兵器」就是一種不吉祥的東西。更非有「道」之君子使用的東西。

・有「道」之人，只有在不得已的情況下，才會使用它。

・但是也要以心平氣和，為首要的條件，就是戰勝了，也不以為那是一件光彩的事。

・如果你認為那是一件光彩的事，就是你的心裏很喜歡殺人。喜歡殺人的人，就難以得到天下之人的歸服，所以在治理天下時就難以順利了。

・喜慶的事都以左邊為尊上。只有遇到不吉利的凶事，才以右邊為尊上。

・兵家以偏將軍，站在左邊，表示他不是主將，人殺得不多。

・而上將軍呢？要站在右邊，表示他是主將，雖然他居於上勢，可是在他的主權之下，殺人眾多，所以要以凶事的喪禮來看待之。

・這就是說，殺人殺多了，要以悲哀的心情去哭泣，戰爭勝利了，要以喪禮的心情去慶祝。

知止章第三十二

道常無名。樸雖小。天下不敢臣。侯王若能守。萬物將自賓。天地相合。以降甘露。人莫之令而自均。始制有名。名亦既有。夫亦將知止。知止所以不殆。譬道之在天下。猶川谷之於江海。

第三十二講　知止之道

・未有天地之前，本來就沒有名字可言，可是雖然沒有名字，卻是造化萬物，養育萬物的根源。

・凡是有名字的，必定會變遷，凡是有名相的皆是不實在的。

・因此「道」是常久存在的，因為「祂」本來就沒有名字。

・「樸」是無名的比喻，好比木頭尚未分割前的名字叫做「樸」，若割開做成器具後，便有了名字，因此「樸」字的意思，就是表示未有天地之前與「道」一樣的形象。

・所以雖然是小小的名字，但是天地萬物，無不是從此「無名之樸」生化而來，因此天地之源是尊貴無比的，就好比一位國王，有誰敢以宰相去稱呼呢？

・因此如果侯王能夠守住這種渾全的「樸」，就是無為之治了。萬物就自然了，百姓也可以和樂相助，安居樂業了。

・不信你看，天地必先和合這個陰陽之氣，陰陽之氣能夠調合，氤氳之氣自然也就調合了，氤氳之氣既然調合，甘露之水未有不降的。

・因此，上天如果降下這祥瑞的甘露，去滋潤萬物的話，也根本不需要人們去指揮它，或是去分配它，它就會很自然平均的降下來。

・但是當國家還沒安定的時候，不能不製造一些有名的器具，來治理天下，但是有了器具，能夠達到和平之後，就應該知道知止了。因為知道知止，就是歸於「道」，歸於「道」就沒有危險的禍患了。

・就好比天地的運轉順著軌道而行，又好像河川與溪水流入大海一樣，有了歸宿。有德的仁君，這樣去治理天下，就成為天下人的歸宿。

盡己章第三十三

知人者智。自知者明。
勝人者有力。自勝者強。
知足者富。強行者有志。
不失其所者久。死而不亡者壽。

第三十三講　眞正的永生

能洞察人的善惡與賢愚，能分別人的是非與作為，這都是智的表現。

能反省自己的過錯，知道自己的不對，就是明白自己心性的表現。

能夠戰勝別人，打敗別人，這是表示你有力量、有能力。可是你有力量，有能力去戰勝別人去打敗別人，並不表示你就是一位堅強的人，更非「永恒之道」，因為今天你有力量去戰勝別人，去打敗別人，待以時日，別人也一定千方百計想辦法來打敗你，所以，這就不是「永恒之道」了。

只有戰勝自己的人，克服自己的人，才是最堅強的人。因為人的力量不過百斤，但是若能守住仁德之心，才能真正的戰勝一切，達到永恒。

所以能夠知足的人，他的心裏反而沒有欠缺，沒有欠缺，就是不窮，不窮就是富有的人了。假使勉強去做事的人，就須要靠志氣，因為沒有這個志氣，他就好像一位半途而廢的失敗者。

一個人做事應該不要失去立身處事的原則，如果能夠做到不失去立身處事的原則，去處理事務，才是長久之道。就是肉體死了之後，他的精神還是永留人間，他的靈性就上升天堂，像這種人，才是真正的永生長壽。

成大章第三十四

大道汎兮。其可左右。
萬物恃之以生而不辭。功成不有。
愛養萬物。而不為主。常無欲。可名於小。
萬物歸之。而不為主。可名於大。
是以聖人。終不為大。故能成其大。

第三十四講　天地的胸襟

・「天」與「地」之間的能源，是非常充沛的，可以任其自然的要往左邊就左邊，要往右邊就右邊。

‧甚至於萬物依賴著「祂」生長，「祂」都不會推辭。而且「祂」還在滋潤萬物與培養萬物之後，就是成功了，也不想去爭功、爭名、爭利。

‧「祂」甚至於以博愛的心去養育萬物，就好像父母關懷子女一樣的愛護著。

‧可是「祂」還是不以為自己就是天地萬物的主人翁，像這種胸襟是何等的偉大呀！

‧「祂」無所欲望，也不居功，就好像「祂」很「微小」一樣。

‧萬物生化以後，都歸向於「祂」，「祂」還不知來當主人翁。因為「祂」能虛受一切，所以這種才是真正的「大」啊！

‧就好像「聖人」一樣，「他」總是不以為自己很大，這才是真正的偉大，更成就「他」的偉大。

大象章第三十五

執大象。天下往。往而不害。安平泰。
樂與餌。過客止。
道之出口。淡乎其無味。
視之不足見。聽之不足聞。用之不可既。

第三十五講　道的玄妙

「大道」之體是沒有形象的，就是因為沒有形象，所以天地萬物無所不包，無所不容，人的心如果能像「大道」之體一樣，無所不包的話，那麼天下之人，沒有一個不歸從他的。如果天下的人都歸從他，這是最好不過了，因為天下將要太平了。

可是等到太平安樂之後，也不可一味貪求享受，因為享受就像作客一般的短暫，是不能長久的。

只有「道」的顯現，瀰漫在虛空之中，「祂」是那麼的淡薄，那麼的毫無味道。你想要去看「祂」，又看不到「祂」，你想要去聽「祂」，又聽不到「祂」，可是當你要用「祂」的時候，卻是取之不盡，用之不竭呀！這不就是「道」的玄妙嗎？

微明章第三十六

將欲歙之。必固張之。將欲弱之，必固強之。
將欲廢之。必固興之。將欲奪之。必固與之。
是謂微明。柔勝剛。弱勝強。
魚不可脫於淵。國之利器。不可以示人。

第三十六講　物極必反

天下之物，物極必反，陽極必陰，陰極必陽。譬如月缺之後必圓，圓了之後必缺。由此可見收歛隱藏之後，必定張明。就好比秦始皇築長城，想鞏固自己的霸業，但是這種作法，違反了自然的天意，反而得不到民心的擁護。如猶太人奪了耶穌的生命，反而使耶穌揚名於後世，而且自古以來，忠臣孝子，英雄烈女，皆是奉獻犧牲了自己，但是奉獻犧牲自己，反而使他們的聲名俱存流傳千古。像這種道理看起來，好像很隱微，其實是很明顯的，只是你們沒有去注意到而已。

所以說不能小看一些外表顯得柔弱的人，其實柔弱才能真正的勝過剛強，如「聖人」處事，「他」常以卑下柔弱自處，反而成就「他」萬古流芳。人一離開「道」，就被氣數所困，反而失去了目標。就好像汽車脫離了軌道，必然發生車禍；船沒有指南針，必然失去方向；魚一旦離開水面，必然死去。所以說國家傷人的利器，不可隨便誇示於人，一旦誇示於人，就很可能危害了自己，因為他國也一定要製造更厲害的武器來威脅你，如此戰爭之事，就更難以避免了。

無爲章第三十七

道常無為。而無不為。侯王若能守。萬物將自化。化而欲作。吾將鎮之以無名之樸。無名之樸。亦將不欲。不欲以靜。天下將自正。

第三十七講　人民的自然歸化

「道」雖然是無為的，但是因為「祂」的無為，反而使「祂」無所不為，例如五行——金、木、水、火、土之變遷，四季之調配，沒有一樣不是「祂」的造化，沒有一樣不是從「祂」的懷裏生長出來，所以是無為而無所不為。

因此假使一位君主，能夠守住無為之道，萬物自然就歸向於他。但是在萬物歸順之後，難免還有一些惡人使出欺詐的作為。如果為君王的人能善於挽救的話，只要以「無為的道理」去開導他，人民自然好清好靜而無爭奪。倘若人民好清好靜無爭奪的話，則他們自然就歸化於「清靜自正」了。

處厚章第三十八

上德不德。是以有德。下德不失德。是以無德。

上德無為。而無以為。下德為之。而有以為。

上仁為之。而無以為。上義為之。而有以為。

上禮為之。而莫之應。則攘臂而仍之。

故失道而後德。失德而後仁。失仁而後義。失義而後禮。

夫禮者。忠信之薄。而亂之首也。

前識者。道之華。而愚之始也。

是以大丈夫處其厚。不居其薄。處其實。不居其華。故去彼取此。

第三十八講　道德爲上，仁義次之

‧最有「道德」的人，「他」做了許多善事，可是他心地善良，不想去佔有這份榮譽，這才是最有道德的人。

‧可是沒有道德的人，就不同了，他一旦做了善事，恐怕別人不知道，所以就到處宣揚。

‧因此有「道德」的人，「他」對人的犧牲與奉獻，是出自無為的，「他」就是做了許多好事，善事，還以為自己沒做一樣。

‧但是沒有道德之人，他一旦做了一些大善事，就銘記在心，像這種人的心，就是未能達到純真，因此對自己所做的善事，就恐怕失去名譽。

・最有「仁慈」的人，「他」視萬物為一體，視天地為一身，沒有分別之心，因此忘物忘我，渾然是無為而為。

・可是有義氣的人就不同了，因為他無法出自無為之心，所以在為人處事方面，往往失去仁德之心。

・有些人以為自己很有禮貌，但是一旦遇到對方沒有回禮，就很不高興，真恨不得伸出手來，指著對方，強迫對方回禮。

・所以萬事的開頭，是先失了「大道」，然後「德」才失去了。失去了「德」之後，「仁」也就開始失去了。失去了「仁」之後，「義」也開始失去了。失去了「義」之後，「禮」也開始失去了。

・因此「禮」，只不過是忠信之心最薄的一種，到了這個時候，禍亂與災變，可以說，就要開始了。從這個時候，知識開始競爭了，就像花一樣，只擁有華麗的外表，一切就更顯得虛偽，這種虛偽的開始，等於是愚昧的開端，等到這個時候，大家都愚蠢與盲從了。

・所以「大丈夫」做人處事，應該以「道德」為上，「仁義」次之。然後講求實質的意義，不要追求虛偽浮華的作為。

得一章第三十九

昔之得一者。天得一以清。地得一以寧。
神得一以靈。谷得一以盈。萬物得一以生。
侯王得一。以為天下貞。其致之一也。
天無以清。將恐裂。地無以寧。將恐發。神無以靈。將恐歇。
谷無以盈。將恐竭。萬物無以生。將恐滅。侯王無以貞。而貴高將恐蹶。
故貴以賤為本。高以下為基。是以侯王自稱孤寡不穀。
此其以賤為本耶。非乎。
故致數輿無輿。不欲琭琭如玉。落落如石。

第三十九講　道的根本

・「大道」是清淨無為的。

・「祂」的本體是精一無二的。

・所以「道」又稱為「一」。

・自古以來天如果得到「一」的話，就顯得很清明。

・地如果得到「一」的話，就顯得安祥寧靜。

・神得到「一」的話，就玄妙靈敏。

・人得到「一」的話，就明理清靜。

・山谷如果得到「一」的話，就充足滿盈。

・萬物如果得到「一」的話，就能生化成長。

・君王如果得到「一」的話，就安定自足。

・否則天不清明的話，就會崩裂。
・地得不到寧靜，恐怕就會暴發天災地變。
・神得不到靈妙恐怕就會衰頹消失。
・谷得不到充盈，恐怕就要滅絶了。
・在上位的人，如果不以正道去治理天下，恐怕就要遭到顛簸坎坷了。
・所以說尊貴的人，要以低賤為根本。
・高尚要以低下為根基。
・這樣的話，才能契合萬機，沒有分別之心，才能和合。
・因此侯王尚且要自謙稱「孤王、寡人」。這些名稱，不都是以低賤為本嗎？

· 所以說高貴的人，不要將自己看成寶玉一樣那麼的尊貴。
· 不要將他人看成石頭一樣那麼的低賤。
· 因為這樣已失去「道」的根本了。

反覆章第四十

反者道之動。
弱者道之用。
天下萬物。生於有。
有生於無。

第四十講　無生有

萬物皆在生生化化反覆的運轉著，但是它無論怎樣的運轉變化，也是從「道」的本體中而發。

可是它雖然反覆的運行，到最後還是要歸於柔弱與寧靜。
就好像一陣風吧！它雖然很強勁，但是不久便要歸於平靜。
又好比一陣雨吧！雖然下得很大，但下不了多久，還是要歸於平靜。
所以說天下萬物皆從「有」（太極）之中而生，可是這個有（太極），還是從「無」（無極）之中生化而來的。

聞道章第四十一

上士聞道○勤而行之○

中士聞道○若存若亡○

下士聞道○大笑之○不笑○不足以為道○

故建言有之○

明道若昧○進道若退○夷道若纇○上德若谷○

大白若辱○廣德若不足○建德若偷○質真若渝○

大方無隅○大器晚成○大音希聲○大象無形○

道隱無名○夫唯道○善貸且成○

第四十一講　道的尊貴

．上等的賢人，因為根基深厚，見識超群，志量廣大，所以一聽到「道」，就志與道合，努力的去實踐。

．中等根智的人，因為見識不足，對「道」的認識不清，所以雖然有緣聽到「道」，也有慕道之心，但是道心總是不能長久。

．下等愚頑的人，因為見識淺薄，不知「道」為何物，而且本性迷昧，貪享慾樂，所以一聽到「道」就哈哈大笑。

．哈哈！如果這些愚昧的下等人，不笑的話，還不知「道」的尊貴在於何處。

所以在古時候，有些先見之明的人，立下了一些含有哲理的言詞。

• 明白大道的人，他的作為必是機智全無，意念清淨，這種人因為大智若愚，所以從外表看來，好像很愚昧的樣子。

• 行道的人，因為不作有為之事，不逞勞心勞力之能，事事讓人三分，不敢先進於人。

• 有道有德的人，因為心與道合，不作衿異之舉，不說衿奇之言，不分富貴貧賤，很平實感。

• 上等道德的人，心量廣大，涵受一切，如空谷一般。

• 心裏潔淨的人，像明月當空，像蓮花出於污泥一樣，雖然他們純真貞潔，可是他們仍不計較得失是非，好像受辱的樣子。

• 有廣大德行的人，常常不自以為有德，所以仍然很謙虛。

• 建立廣大功德的人，他常常不向人誇耀他的功德，暗地裏去做，不想讓別人知道。

所以說，「聖人」的心量，是廣大無邊的。

世上要完成一件大器物，必須經過很長很長的時間才能完成。要成為一個偉人，也是一樣，必經時間與人格的考驗，才能得到真正的成就。

沖和章第四十二

道生一。一生二。二生三。三生萬物。
萬物負陰而抱陽。沖氣以為和。
人之所惡。惟孤寡不穀。而王公以為稱。
故物或損之而益。或益之而損。人之所教。我亦教之。
強梁者。不得其死。吾將以為教父。

第四十二講　道的造化

・「道」的造化總原理是這樣的，「道」為萬物之本，但是「道」本無名強名為「一」。

• 由「一」而分為「二」，則是有了陰陽。有了陰陽，自然天地定位，就是「二」的數。

• 有了「二」數之後，就開始有了對待，有對待必有兩端，如善惡分別，有兩端必有中間的中心處，所以「二」就開始成為「三」數。

• 因此易經的數理，就以「三」為生數，而演變的。萬物造化才有了生生化化之妙。

• 以人身比喻之——

如眼有「虛靈」而能視。

耳有「虛洞」而能聽。
鼻有「虛孔」而能嗅。
口有「虛空」而能吃。
意有「虛魂」而能思。
心有「虛竅」而能應。

- 因此表面上看來是受損的，實際上是得益的，在表面上看來是得益的，實際上是受損的。
- 如國君以「孤王、寡人」自稱是損的，反而得天下人民的歸心，如果國君以驕傲自滿來誇示天下的話，反而會受到天下人民的眾叛親離。
- 如桀紂將天下視為己有，驕滿自大，雖有天下，而天下反叛之，就是一個借鏡了。

・這是古代「聖人」所教導的遺訓，　我也就拿這個來教導別人。

・也就是人生在世，應體悟「大道」而行，不可仗恃自己的力量，稱強霸道，向人誇耀，否則會得不到善終的。

・所以　我將以上這些巧妙的道理，當成父親教導　我一樣，永遠的記住它。

至柔章第四十三

天下之至柔。馳騁天下之至堅。無有入於無間。吾是以知無為之有益。不言之教。無為之益。天下希及之。

第四十三講　柔勝剛

・天下最柔弱的東西，就是「水」了，可是它雖然很柔弱，反而能夠穿山透地。

・又如「無形之氣」為比喻吧！它能載運各種星球，所以這無形柔弱的力量，往往能勝過有形剛健的物體。

・又好比「聖人」是柔弱的，「祂」常以身作則，身體力行，這種身教勝於言教的無言之教，反而勝過其他的教育。

・又比喻天下的母親是柔弱的，可是世人無不都是從母親的懷裏生長出來的。

・所以無形柔弱的力量，外表看來是不中用的，但是——「祂」是最偉大的。

知止章第四十四

名與身孰親。身與貨孰多。得與亡孰病。
是故甚愛必大費。多藏必厚亡。
知足不辱。知止不殆。可以長久。

第四十四講　身與名

・身外的聲名，與身內真我的生命，那一樣應該親近呢？
・身內真我實質的生命與身外多餘的物質，那一樣應該重視呢？
・得到身外的聲名，與失去真我永恒的生命，兩者之間比起來，那一樣貴重呢？

•所以說，過分的貪求物質與名利慾望的人，必定要勞心勞力，大費精神，而失去越大。

•貪財利祿的人，必定喜愛寶貴的珍品，但是珍品藏得越多，反而招人嫉妒怨恨，身遭橫禍。

•所以知足的人，他的心就減少貪求，身心自然超於無憂無慮之間，如此的話，更遠離了羞辱侮蔑之事了。

清靜章第四十五

大成若缺。其用不弊。
大盈若沖。其用不窮。
大直若屈。大巧若拙。大辯若訥。
躁勝寒。靜勝熱。清靜為天下正。

第四十五講　清靜自然

・大有成就的人，反而謙虛待人，這樣的謙虛作為，在凡人的眼光中，就好像尚未完滿的樣子。

．所以看起來好像有點缺失，其實這種人，才是大有成就的人啊！

．但是能夠達到這種境界的人，有些人看來好像不值得學習，可是他的一切功用反而沒有絲毫的破壞。

．因為別人反而會更尊敬他，更崇拜他，更擁護他，更聽從他。

．因此在「聖人」的眼光中，能達到功德大盈滿而心境就像虛無一樣，心裏反而什麼也沒有得到。

．可是他的作用，反而生生化化，沒有窮盡啊！

．就好像正直的人呢？反而能包容一切，所以有時在外表看起來，就好像受委屈一樣。

・而巧妙的人呢？就好比聖人的心，根本毫無貪得的機心，也沒有多餘的做作與行為，但以凡人眼光看來，就好像他們都是很笨拙的人一樣。

・對宇宙萬物有深深體悟的人，此種人應該是最有辯解的人，但是反而悟在心中，難以言喻。

・就是有時候他講出來的大道理，別人也不知道他在講什麼，因此大辯論的人，反倒像不多說話的人。

・人在急躁生氣的時候，只有幾分鐘的時間不能長久，就像大風大雨一樣，雨過仍然天晴，風過仍然平靜，所以平靜還是勝過急躁的。

・清靜無為，才是天下人民所應該追循的目標，因為這樣能使萬物各得其所，人民各得其歸，天下自然就太平清正了。

知足章第四十六

天下有道。卻走馬以糞。天下無道。戎馬生於郊。罪莫大於可欲。禍莫大於不知足。咎莫大於欲得。故知足之足常足矣。

第四十六講　天下有道與天下無道

天下有「道」的時候，國泰民安人人知足，這時戰爭的馬，讓它在田野糞田施肥清閒自在。就好比有「道」的人身心泰然，沒有心猿意馬胡亂奔馳之患，以「中正之道」立命，以「和煦之氣」養身而清靜無事。

但是，一旦到了天下無道的時候，人人貪得無厭，這個時候戰亂難免要發生了，因此，兵馬也都要生死於荒郊野外了。就好比修「道」的人，如果不守清靜無為的話，時時便會產生無厭之念，導致心上之「刀兵」橫出，性中之「意馬」胡闖，不得一時的寧靜，這個時候三魂七魄，盡成魔君之輩，時時擾亂；五臟六腑，盡為交戰之場，「神」無一刻之守舍。「心」無暫時之安閒。此就是人心無道之時，性命怎能長保呢？

由此看來，天下罪惡之大的，還不能超過這些多思的慾望。如兄弟鬩牆，朋友反目，覆宗滅族之事，皆是一念之微所害，像星星之火雖微，卻可以燎原廣闊。所以說修行之人，先要「止念」，念頭如果不止，雖日夜不眠的一心「求道」，只不過是勞形而已，學「道」之人往往受了「慾望」與「不知足」所害。知足之人無所不足，無往而不泰然，不求身外之物，反得身中「自性之寶」，如此還貪求什麼呢？

天道章第四十七

不出戶。知天下。不窺牖。見天道。其出彌遠。其知彌少。是以聖人。不行而知。不見而名。不為而成。

第四十七講　自然的原則與定理

天下總有一個原則與定理，「聖人」能夠體悟這個原則與定理，所以天下雖然很大，但還是離不開這個原則與定理，所以「聖人」不必走出門戶，就可以完全知道天下的一切事物了。

因為宇宙天地之間，不過是陰陽動靜而已，陰陽動靜，不過是無極太極之理而已，「聖人」盡其本性，就是盡其天道，所以「聖人」之本性，就是行其天道。

但是凡夫之人，則不同，每每要以自己的眼睛，來了解天下的事物，而不知天下的事物是不可窮盡的，所以凡夫俗子費盡了畢生的精力，走遍天下，迷於身外之見，反而更迷失了自己的「本性」，所以是走得越遠，知道的反而越少，因為自己越遠離了「本性」，受到外物之染的原因呀！

所以說，「聖人」他反而不必走遍天下，自己只求淡然無欲，但「他」仍然可以知道一切的，何必跑到很遠的地方去搜尋身外之物呢？眼前就是法界了，心上圓明的人，自然可以洞見一切。所以「聖人」不必行遠而可知一切啊！

所以「他」不必視察外界，就可以說出自然法則的名目了。「他」不必去多餘的造作，只要「盡己之性」，自然而然就完成聖業了。

日損章第四十八

為學日益。為道日損。
損之又損。以至於無為。無為而無不為矣。
故取天下者。常以無事。
及其有事。不足以取天下。

第四十八講　無爲的妙處

一個人如果是為了學問求知見的話，是有益的，但是這種「益」只是短暫的，而「學道」就不同了，因為學道是要「損」去了知見，除去了情慾，更要排除了妄念，及名利虛華一併丟棄，這樣物我兩忘，私慾淨盡之後，就是達成無為的境界了。

有了「無為」的境界，就是「無所不為」了，可是這個「無為」，其中隱藏著深妙的玄機，是動中之靜，靜中之動的「無為」，是虛中之實，實中之虛的「無為」。譬如天之「無為」而四時能行，地之「無為」而萬物能生。因此人與天地合為三才，如果人能「無為」，真性了然，萬物的造化，無不在身心之中，此是人之「無為」的妙處。

所以要得到天下，如果以私慾之心，或是仗恃自己的力量，去取得的人，那麼將不可得。所以一個真正體悟「大道」的人，他會以道德仁義去取得天下，如古時候的堯、舜、禹這些「聖人」就是一個榜樣，不但取得天下，又取得天下人民的心，這才是真正的取得天下。而秦始皇就不同了，他以私慾的作為，想將天下納為己有，其實這種作為反而使人痛恨，使天地神祇不悅，所以像這種取得天下的方法，是不足以效法的。

德善章第四十九

聖人無常心。以百姓之心為心。善者。吾善之。不善者。吾亦善之。德善矣。信者。吾信之。不信者。吾亦信之。德信矣。聖人之在天下。怵怵焉。為天下渾其心。百姓皆注其耳目。聖人皆孩之。

第四十九講　聖人之心

・「聖人」的心，是隨其百姓的心態習俗，隨宜制化的。

- 「他」不以一己之見教人，更不以私見或是分別之心待人。
- 「聖人」既然無分別心，那麼看到善良的人或良善的事情，「聖人」以仁慈之心去親近他。
- 「他」看到不善的人或不善的事情，「聖人」也一樣以仁德之心去感召他。
- 「聖人」在待人接物方面，皆以誠信待人。
- 無論是守信的人，或一些沒有誠信的人，「他」也是一樣以誠信對待他們。

・使這些不誠信的人，能因受到「聖人」的德性感召，而歸於誠信，這就是「聖人」的德信啊！

・所以「聖人」生活於天下之間，每每為天下的百姓，因為不知泰然自處，更做出悖理越軌的醜事而擔憂，及感到恐懼不安。

・所以「聖人」何等的慈悲，「他」為了天下百姓的福祉，而渾濁了自己清靜的性體。

・因此「聖人」有這麼大的慈悲心，所以天下的百姓皆以他為依歸。

・時時的仰望著他，想聽聽他的話，聽聽他的道理，想看看他，看看「聖人」的慈容。

·所以「聖人」有這無上的德威，他看到天下百姓，就像看到自己親生的小孩一樣，去教導他，去感化他，這就是「聖人」可敬之處啊！

生死章第五十

出生入死。

生之徒。十有三。死之徒。十有三。

人之生。動之死地者。亦十有三。

夫何故。以其生生之厚。

蓋聞善攝生者。陸行不遇兕虎。入軍不被甲兵。

兕無所投其角。虎無所措其爪。兵無所容其刃。

夫何故。以其無死地。

第五十講　出生入生

人與萬物一樣，凡出世於生，就有死去的一天。

可是人生存在生與死之間，分為三種——

・第一種人，是小孩正在生長的年齡，這種現象在十個人當中佔有三個。

・第二種人，是老年，將死的年齡，也是十個人當中，有三個。

・第三種人，是在中年的時期就轉向死亡的人，像這種人，也是十個人當中有三個。

為什麼會這樣呢？就是因為這種人，他嗜慾太深了，自奉太厚了，常常因謀求衣食而勞累了生命，所以反而傷了生命，因此很早就歸向死亡之路了。

但是聽說很會攝養生命的人，這種人大概十個人之中，還不到一個人吧！這種人他了解真正的生死之道。

所以他不屬於「生」，也不屬於「死」，他超越了「生死的假相」，所以他生在世也不感到可喜，就是死了也不會感到悲哀，因為他已領悟到，「真我的生命」是「不生」也是「不死」的。

所以這種人在陸地上走的時候，好像不會遇到一些犀牛老虎之類的野獸，就是遇到了這些野獸也不會去傷害他，這是為什麼呢？因為「聖人」慈懷愛物，不傷害萬物，就好像動物園的園丁一樣，他了解動物的心，動物也了解他的心，所以就不會被傷害了。

而且這種人即使走入了戰場，也是出入無妨的，因為一個有「聖德的人」，不但是將軍敬畏他，連兵卒都敬畏他。

因此以上所說的，犀牛雖然兇悍，卻不以角去攻擊他。虎雖然勇猛，可是看了這種人，爪子也好像失去了作用一般。連兵卒作戰的刀器，看到這種人，也都不知道攻擊了。這是什麼原因呢？

就是因為「聖人」早已把「生命」託付給「天地」了，因此他把假我的肉體早已看空了，在「我空」之下，豈有死亡之理呢，所以也就沒有所謂的仇視與野獸這類的敵人，因為他已把萬物看成一體了。

尊貴章第五十一

道生之。德蓄之。物形之。勢成之。
是以萬物。莫不尊道而貴德。
道之尊。德之貴。夫莫之命。而常自然。
故道生之。德蓄之。長之。育之。成之。熟之。養之。覆之。
生而不有。為之不恃。長而不宰。是謂玄德。

第五十一講　道體的德行

「道」為萬物之母，所以萬物皆從「道體」中而生的，但是萬物生出來以後，還要以「德」去滋潤它，這個「德」就是天地中的陽和之氣，這個陽和之氣能夠蘊育萬物使它成長。成長以後，才有種種萬物，可是這些萬物，本來就是由無形的「道」所生的，與無形的天地之「德」培育而成。所以我們看到這些有形的萬物之後，才知無形道德的偉大。

但是在萬物生長以後，如果沒有四季寒暑的更替，陰陽的互換交流，則雖生長了萬物，它不能使萬物趨於成熟，所以勢之所在，就有了陽春之氣的培物及寒秋之氣的逼物，這些四時的代謝。

「道」雖然偉大，「德」雖是尊貴，卻不以偉大與尊貴而自命不凡，仍然以自然處之，可是它這樣的自然處之，反而得到永恒自然的尊貴了。

「道」生了萬物，「德」滋潤了萬物。讓它們長大，給它們撫育，讓它們自立長成，讓它們成熟，這長養與覆護的大恩，「道」還不以為自有，像這些大有作為的事，「祂」還是不仗恃自己的能力，雖然是萬物之主，但是「祂」仍然不以主宰為自居。所以「道」實是具有極深遠的至德。

守母章第五十二

天下有始。以為天下母。

既得其母。以知其子。既知其子。復守其母。歿身不殆。

塞其兌。閉其門。終身不勤。開其兌。濟其事。終身不救。

見小曰明。守柔曰強。用其光。復歸其明。

無遺身殃。是謂襲常。

第五十二講　道的本源

天地萬物都有它的本源，這個本源就是「道」，「道」創造天地萬物，所以「道」是天地萬物之母。

既然知道天地萬物是「道」之所生，就知曉「道」為母，物為子。道為體，物為用。所以現在的人只知物而不知「道」，是背道而馳呀！

因此當你認識「道」，就要秉守這創造天地萬物的「道」。就是身亡的時候，也不會感到恐怖與危險，因為你已回歸到「道」的懷中了！

所以，如果不想讓「精、氣、神」外馳，就要塞住了人的慾望之口，閉住了人的六賊之門，就是「眼、耳、鼻、舌、身、意」。

因此修道之人，如果能閉塞「慾望之口」與「六賊之門」，則一輩子受用不盡，不必動用多大的勤勞，自然可以成就「大道」的。否則終身不知閉住這聲色貨利之門，只知仗恃自已的才能，而喪心爭鬥於紅塵之中，那就不可救藥了。

所以能夠察覺微小事物的人，才是明白「大道」的人，能夠守著柔弱之道的人，才是真正強勝之人。

大道章第五十三

使我介然有知。行於大道。
惟施是畏。大道甚夷。而民好捷徑。
朝甚除。田甚蕪。倉甚虛。
服文采。帶利劍。厭飲食。
貨財有餘。是謂盜誇。非道也哉。

第五十三講 大道之行

假使 我有一些智慧，要行於「大道」的話，還需要小心謹慎，因為不小心的話，還恐怕會走入歧途末路之中呀，這為什麼呢？因為 我看到了「大道」本來就很平坦的，很寬大的。

可是偏偏有些貪妄的人，他喜歡尋找小路走，這樣的結果不但無益，反而害了自己，這些都留給 我很大的警惕！

就以一些當朝的文武百官為譬喻吧！朝綱都已經保不住了，百姓的田地也都已經荒蕪了，倉庫的稻米也已經快要沒有了。

但是還有一些貪官污吏，尚穿著華麗的衣服，來顯示自己的尊貴。身上還帶著明亮的利劍，來誇耀自己的強悍。不但如此，更是一心追求美餐，美酒來吃喝享受，而且只顧自己的財貨有餘，更不去接濟別人。

所以像這樣的作為，實在很不合乎「大道」的。

善建章第五十四

善建者不拔。善抱者不脫。子孫祭祀不輟。
修之於身。其德乃真。修之於家。其德乃餘。修之於鄉。其德乃長。
修之於國。其德乃豐。修之於天下。其德乃普。
故以身觀身。以家觀家。以鄉觀鄉。以國觀國。以天下觀天下。
吾何以知天下之然哉。以此。

第五十四講　德的餘蔭

・天地之間，如果建立有形的東西，容易被拔去。購置有形的物品，容易被取走。

- 因此唯有善於建立「道德」的人，才不容易被拔去，不容易被取走。這為什麼呢？

- 因為「道德」是建立於無形的心中，所以沒有形體讓力量拔去，也沒有其他的力量，能讓無形的道德脫落。

- 所以能夠在生的時候，行乎「道德」的人，他死了之後，仍然有社稷宗廟，讓子子孫孫祭祀，代代相傳不絕。

- 因為他的德，實行於身，所以他的善德，才有如此的完美。

・所以說，一個有「道德」的人，他修德充實於身的話，必能使家人得到德的餘蔭。

・如果這個有德望的人，德化於鄉里之間，則鄉里之間必然能夠得到教化上的長處。

・如果德化於國家的話，這個國家也必然會得到興旺。

・如果德化於天下的話，也一樣能夠感召天下。

・因此　我明白以上這些道理之後——
以自己的身心體悟，去視察別人的一切作為。
以自己的家庭教化，去觀察別人的家庭教化。

以自己的鄉里教化，去觀察其他的鄉里教化。

以自己的國家教化，去觀察其他的國家教化。

以現在的天下教化，去觀察未來的天下教化。

・所以「我何以知道天下的變化情況呢？就是以上的道理推究而得。

含德章第五十五

含德之厚。比於赤子。

毒蟲不螫。猛獸不據。攫鳥不搏。

骨弱筋柔而握固。

未知牝牡之合而朘作。精之至也。

終日號而不嗄。和之至也。

知和曰常。知常曰明。益生曰祥。心使氣曰強。

物壯則老。是謂不道。不道早已。

第五十五講　德性深厚的人

・包含德性深厚的人，就好像天真無邪的嬰兒一樣，那麼的無知無識，那麼的順天自然。

・別小看這些嬰兒，雖然筋骨柔弱，可是當他握起小拳來，卻是非常的硬朗。

・他雖然不懂得男女之間的情慾，更不懂雌雄之間的交合，可是他的真陽之物，卻能經常勃起，這就是他的真精已達到極點的表現啊！

・你看他終日的號哭，而聲音仍不沙啞，這就是他保守太和之氣，已達到極致的表現啊！

・由以上的舉動，我們可以知道，我們不能保持這些太和之氣，就是我們欲心動而神亂，真心動而氣耗，情心動而精散，這就是我們不能返回先天「真常之道」的原因啊！

・能夠知道「真常之道」的人，可算是明白誰是「真我」的人，能夠明白「真我」的人，他的心自然能夠像秋天的月那麼明亮，像晴天中的潭水那樣明淨。

・這種人，也是明智的人。這種人，也自然知道保養先天太和之氣，以增益長生之道。

・能夠增益長生之道的人，就是吉祥的人了。

- 現代的人，往往不去保固先天的元氣，反而妄動暴躁，自以為很剛強的樣子，這都是不對的舉動。
- 因為你妄動暴躁，就是勉強的行為，勉強的行為，總是支持不久的。
- 支持不久，就好像萬物的強壯，也會老啊，老了不是早日邁向死亡。
- 這都是不合乎「道」的舉動呀！不合乎「道」的舉動，就要早日自我滅亡了。

道貴章第五十六

知者不言。言者不知。
塞其兌。閉其門。
挫其銳。解其紛。
和其光。同其塵。是謂玄同。
故不可得而親。亦不得而疏。
不可得而利。亦不可得而害。
不可得而貴。亦不可得而賤。
故為天下貴。

第五十六講　悟道的人

‧悟到「道」的人，「心」與「道」合，卻難以用言語表達。如：

釋伽牟尼佛所說：「無法可說，是名說法。」

達摩祖師所說：

「達摩西來一字無。全憑心意用工夫。

若要紙上尋佛法。筆尖醮乾洞庭湖。」

可見「道」是如何的微妙了。

‧可是偏有一些好於炫耀自己的人，喜歡在大庭廣眾，高談闊論，行為乖張，高傲自取，其實這種人，反而是不知「道」的人。

‧所以有「道」的人，他首先塞住了他的口舌紛爭。關閉他七情（喜、怒、哀、樂、愛、惡、慾）六慾（色、聲、香、味、觸、法）之門。

・挫折他鋒芒又高傲的銳氣。這一切才是解脫紛擾煩惱的方法。

・同時有「德」之人，他毫無高傲之心，就是有功於眾生，可是他的心與眾生的心，仍然能夠像燈光與燈光在一起的時候，那樣的混合。

・那樣的不矜奇，不立異，不粉飾，隨俗同塵。他的作為沒有一點特殊的地方，使人感到特別，反而與人共同相處。

但是這種人——

・你想親近他，其實是不可能的，因為他心同虛空，是不染情慾的。

・你想疏遠他，也是很難的，因為他慈悲為懷，關愛世人，使人難以捨棄他的恩德。

・你想利益給他，其實也是不可能的，因為他為了世人而淡然無欲，只是抱著「取之眾生，用之眾生而已」。

・你想加害他，也是不可能的，因為他有解脫的心，能夠超出生死的假相。

- 你想貴重他，也是不可能的，因為他不貪慕榮華富貴的虛名地位。
- 你想輕賤他，也是不可能的，因為他心靈中時時懷有如瑰寶般的牟尼寶珠。
- 因此，外在的形像，以及褒貶毀譽，都不能打動他本心的自在，所以這才是天下最尊貴的人了。

治國章第五十七

以正治國。以奇用兵。以無事取天下。吾何以知其然哉。以此。

天下多忌諱。而民彌貧。人多利器。國家滋昏。

人多伎巧。奇物滋起。法令滋彰。盜賊多有。

故聖人云。我無為而民自化。我無事而民自富。

我好靜而民自正。我無欲而民自樸。我無情而民自清。

第五十七講　治國之道

・治理國家要以正道的方法，不要以奇巧的方法。

・只有在用兵的時候，在不得已的情況下，才用取巧的方法。

・因為治理天下，要使百姓平安無事，才可以取得天下百姓的心。

我為什麼知道這個道理呢？就是以下的道理，給 我的啓示。

・治理國家，如果發佈禁忌太多的政令，就不能便民，人民就無法順利的工作，而無法順利工作，農工商生產就要少了，人民就會越來越貧窮。

・如果人民擁有太多利害的殺人武器，打殺的事件，自然就多，因此，要治理人民，就會愈感到混亂。

・如果人民有技巧的居心時，一些邪惡又奇怪的事物，就越來越多。

・在法令設得很多的時期，就是道德仁義失落的時候，道德仁義失落的時候，盜賊恐怕就要越多了。

所以，上古的「聖人」曾說——

・只要「我」渾全天理，順天應人，人民就會自我約束，自我導化。

・只要「我」虛心恬淡，不妄動，不縱慾，人民就會自然歸於清正。

・只要「我」不施禁忌太多的政令，去擾動百姓的行動與安寧，就是便民，然後人民自然康富。

・只要「我」不貪慕享樂，人民自然也會歸於純樸。

察政章第五十八

其政悶悶。其民淳淳。其政察察。其民缺缺。
禍兮福所倚。福兮禍所伏。孰知其極。其無正耶。
正復為奇。善復為妖。人之迷也。其日固久矣。
是以聖人。方而不割。廉而不劌。直而不肆。光而不耀。

第五十八講　治國方針

治國的方針，若是私智自用嚴刑苛罰。人民反而狡詐多端憂慮不安。
因此，災禍的裏面，已經隱藏了幸福的到來，譬如說，發生過災禍的人，才知道幸福的可貴，因此才知行功立德，去追求永恒的幸福之道。

幸福的裏面也潛伏著災禍，比如說，沒發生災禍的人，不知珍惜幸福，反而為非作歹奢侈浪費，造下罪業，一旦因緣成熟災禍就要臨頭了。

但是，像這種禍福循環，物極必反的道理，有誰能夠了解它的究竟，有誰能在無形中去認識這些真理呢？

所以，人心不古，本來是正直的道理，人們卻認為那是奇怪的理論。本來是善良的教導，人們卻認為那是妖怪的行為。

因此，世人迷昧於邪正善惡的分別，這種日子，已經很久了。唯有「聖人」他為人的方針，能夠在保持方正之中，又沒有銳利的稜角，去割傷他人。他為人清廉，可是在處事方面又很厚道，絕不疾惡太嚴，或苛刻太甚。他為人正直，可是絕不直率得過於放肆。他心性光明，可是絕不炫耀自己。這就是「聖人」德性深厚的原因啊！

長生章第五十九

治人事天。莫若嗇。夫唯嗇。是謂早服。早服謂之重積德。重積德。則無不克。無不克。則莫知其極。莫知其極。可以有國。有國之母。可以長久。是謂深根固蒂。長生久視之道。

第五十九講　治人事天

治理世人，以及事奉上天，最好的方法，就是精神不妄洩。因為精神不妄洩，就能夠心德全備，心德全備，就好像回復到自己的本性。像這種事，就像每個人起床之後，要穿衣服一樣，是首要的事。所以起床穿衣服，也是我們早已習慣的事，而且每個人一生當中，都是不斷的做。我們的德性，如果能像起床穿衣服一樣，累積下來的德性，一定是深厚的。

一個德性深厚的人，他要治理人，要事奉上天，就沒有不能勝任的。既然是沒有不能勝任的，就難以估計他力量的極限！像這種力量難以估計的人，也就可以擔負治理國家的重任了。有這種人來治理國家，就像國家的褓母一樣，能夠率天下以「道」，治理天下當然可以長久了。

就好像根深牢固的樹，就能結出結實的果子。如果以這個道理，去實行於修身養命方面，這種人無形的生命，也可以長久的生存在人們的眼前，讓人崇敬奉養朝拜，因為治國與修身是一樣的道理呀！

治大國章第六十

治大國若烹小鮮。以道蒞天下。其鬼不神。非其鬼不神。其神不傷民。非其神不傷民。聖人亦不傷民。夫惟兩不相傷。故德交歸焉。

第六十講　純樸祥和的世界

治理大國家，就好像在烹煎小魚一樣，不能常常去翻動它，否則就會將一條魚煎得破碎不堪。治理國家也是一樣，不要常常去變動政策，否則人民也會被政策的變來變去，而難以適應，感到煩悶。所以這都是為政的人，因為失去誠信，使人民對遵守法律，也失去信心的結果。

因此，為政的人，如果能以「道」的無為、清正、誠信，去治理百姓的話，自然能夠達到和氣致祥的目的。連惡鬼的作亂，也難以顯出神奇的靈應，非但惡鬼難以顯出神奇的靈應，就是感靈的神明，也不會去傷害人，因為百姓都是善人，神愛善人，無所不及，怎會去傷害人呢？

所以，非但威靈的神明不傷害人，就是聖人在世的時候，看到人民善氣祥和，他也不必慨嘆「人生不古」，更不必使出——浩然正氣，去傷害一些為非作歹的偽君子。

因此能夠達到，無形的鬼神，與在世的聖人，都不傷害人，這就是天下德性感交的時候，也好像天下之人，都回歸到本來天真與純樸的世界裏，那樣的和祥與清靜。

爲下章第六十一

大國者下流。天下之交。

天下之交。牝常以靜勝牡。以靜為下。

故大國以下小國。則取小國。小國以下大國。則取大國。

故或下以取。或下而取。大國不過。欲兼蓄人。小國不過。欲入事人。

兩者各得其所欲。故大者宜為下。

第六十一講　大國謙卑，小國謙恭

大國應該學大海的卑下自處，居於下流，才能成為百川眾流交會的歸處。就好像天下的雌性動物，常以柔弱的靜定自處，但是卻能勝過雄性動物的剛強躁動，這就是以靜定為下，反而能勝剛強躁動的原因。

所以說，大國若能以謙卑自處，更以誠信有禮對待小國，就可以取得小國的信服，更能取得小國的歸向之心，小國若能謙卑自處，更以誠信有禮對待大國，就能取得大國的信任，更取得大國的崇敬之心。

所以無論是大國謙下，以求小國的信服，或是小國謙下，以求大國的信任。大國為政的最終目的，只不過是愛護天下百姓，既然天下百姓皆是安定純樸，治理大國的使命，也算是達成了。

小國治理百姓的最終目的，不過是願意侍奉人民，使其過得平安無事，因此他對大國的要求，也只是希望大國能將小國平等看待而已。

所以，無論是大國或是小國，如果要達到這種目的，首先就要以謙卑自處。而且，最要緊的，就是大國應該首先以謙卑低下做為模範，能夠這樣天下自然太平了。

道奧章第六十二

道者萬物之奧。善人之寶。不善人之所保。
美言可以市。尊行可以加人。人之不善。何棄之有。
故立天子。置三公。雖有拱璧。以先駟馬。不如坐進此道。
古之所以貴此道者。何不曰求以得。有罪以免耶。
故為天下貴。

第六十二講　道的奧妙

「道」是萬物之中，最精微最奧妙的東西。善人經常視為修身養命的至寶。就是不善之人，也會依賴「道」，來保障自己。例如俗語說：盜亦有道，就是最佳的佐證，可見壞人有時候，也要仰仗「道」來保護自己。所以，有時候當你講出一句合於「道」的至善美言，就可博取到別人的欽佩。這就是說，只要你合於「道」行事，便是尊貴的行持，有尊貴的行持，就能夠高人一等。

人往往有迷昧的時候，而做出不善的事，可是只要你有改過向善的心，誰不會原諒你呢？誰還會遺棄你呢？但是最怕你的懺悔之心不誠，良知不堅，本性不改，力行不恒，所以才會自棄棄人，為人所棄。

所以說，如果你不以「道」而行，即使得到世間的一切，如擁有了至上的王位，又設置了文武百官，前呼後擁，兩手又擁有希世珍寶的美玉，乘坐富麗堂皇的馬車，如此的尊榮華貴，還不如體悟「大道」，深入「道心」，來得實在永恒，所以古代的「聖人」，才如此的尊貴「大道」。

無難章第六十三

為無為。事無事。味無味。

大小多少。報怨以德。

圖難於其易。為大於其細。

天下難事。必作於易。天下大事。必作於細。

是以聖人。終不為其大。故能成其大。

夫輕諾。必寡信。多易必多難。

是以聖人猶難之。故終無難。

第六十三講　聖人的處事

・「聖人」處事，不是為了慾望而處事，也不是為了貪得而處事，更不是為了私利而處事，純然是為了大公無私而處事。

・「聖人」的品味，不是為了情慾而品味，不是為了滿足慾望而品味，更不是為了貪慾而品味，純然是以自然淡泊無味而品味。

・可是凡人的心靈欠缺，常常以大為小，以多為少，而「聖人」的心境就不同了，他心靈中一切具足，不缺少一物，因此「聖人」能以小為大，以少為多。

・「聖人」的心靈是萬德俱備，心中無怨。假使有人誤會他的時候，對他產生憤恨的心理，他還能以德報怨，絕不懷有報復之心。

・因此，如果你想學「聖人」的作為，必先從容易的事做起，能將容易的事做好，才能將困難的事情做好。要做大事情也是一樣，先從細小的事情做好，能先從細小的事情做好，大的事情才能做好。

・所以說，要做天下的難事，必先從容易的事情開始，要做天下的大事，必先從細小的事情開始。

・因此「聖人」他總是先從細小容易的事情開始做起，而不是一下子，就想做大事業。所以，他最後根基穩固，終於能成就大事業。

・可是凡人他輕視心性的修養，他們以為那是小事情，但是小事情都做不好，怎能成就大事業呢？

• 這就好像一個人馬馬虎虎點頭答應的事，這個人一定沒當做一回事，沒當一回事的答應，必然是缺少信用的。

• 還有如果把事情看得很容易，而且事先一點也不準備的，到時候發生的困難反而越多。

所以「聖人」開始的時候，先把每一件事，都認為困難，事事戒慎自己，時時反省自己，最後反而「天下無難事」了。

輔物章第六十四

其安易持。其未兆易謀。其脆易判。其微易散。

為之於未有。治之於未亂。

合抱之木。生於毫末。九層之臺。起於累土。千里之行。始於足下。

為者敗之。執者失之。是以聖人。無為。故無敗。無執。故無失。

民之從事。常幾於成而敗之。慎終如始。則無敗事。

是以聖人。欲不欲。不貴難得之貨。學不學。復眾人之所過。

以輔萬物之自然。而不敢為。

第六十四講　修己治人的方針

國家安定的時候，為政的人，容易保持治理的大事。為什麼呢？

・因為一切紛亂的事情還沒發生的時候，如果有違反正常的事情，剛要發生，便能一目了然，才容易找出圖謀的對策。

・就好像說，一件事情剛要形成的開始，總是比較脆弱的，比較脆弱的東西，總是容易分化。

・也比如說，微小的東西，容易散失，尚未凝結的事物，容易分散。

・所以，要做好一件事，一定要綢繆於事情未發展的開始。治理國家也是一樣，要在於尚未混亂之前，就要先做好治國的基礎。

・好比，一棵兩人合抱的大樹木，它的成長，也是在一粒細小的種子開始萌芽。一棟九層樓高的平台，也是從一畚箕的泥土累積起來。要走千里的路程，也是要從腳底踏出第一步。

・因此行為超出以上過程的人，一定會失敗的，因為他太執著太任性，太執著太任性的人，就是缺德，缺德的人，就會失去一切的。

・所以「聖人」了解這種道理之後，他就守住渾全的德性，不與人紛爭，也不執著得失之心。既然不執著得失之心，所以也沒有失意的痛苦了。

・但是世人，常在快要成功的時候，只因一時的鬆懈而遭到失敗。因此能夠將最後關頭當做開始一樣謹慎的人，他就不會失敗。

・所以「聖人」所欲求的，是一般人所不欲求的。

．「聖人」欲求的是自在解脫，而不是貴重金銀財寶。
．「聖人」所學的，是一般人所不喜歡學的。
．「聖人」所學的是——內在生命的哲學，而不是追求虛榮浮華，賣弄心機。
．「聖人」他只是想回復到自己的本性良知，提醒世人不要胡作非為，違背自己良知而已。
．「聖人」將所要做的事，先去了解，先去實行，然後他才能輔佐萬物回歸自然純樸。
．「聖人」他的任務太大了，世人的注目也太深了，所以他更不敢胡作非為而亂了修己治人的方針啊！

玄德章第六十五

古之善為道者。非以明民。將以愚之。
民之難治。以其智多。
故以智治國。國之賊。不以智治國。國之福。知此兩者。亦楷式。
常知楷式。是謂玄德。玄德深矣。遠矣。與物反矣。然後乃至大順。

第六十五講　回歸純樸

古時候，了解以「道」治國的人，不教人民鬥智機巧，而教人民純樸敦厚。為什麼呢？因為國家之所以難以治理，就是人民的智謀太多。

所以如果以智謀來治理國家的人，等於教人民互相鬥智，一旦上下互相鬥智，自然兩敗俱傷，兩敗俱傷，國家就要亂了。因此這種教人民鬥智的辦法，實在是教人民為賊呀！反過來說，倘若在上的人不以智巧治國，人心自然純樸，人民生活自然安定無爭，這才是國家的福祉。

所以如果有人知道以上兩種道理的人，就可成為治理國家的模範，能夠成為治理國家模範的人，就是有玄妙德性的人。當玄妙德性發揮到更深更遠的時候，在外表看來，似乎與世俗的軌道相反，其實這正是使人民更歸於純樸，歸於和諧的妙境啊！

江海章第六十六

江海所以能為百谷之王者。以其善下之。故能為百谷王。

是以聖人。欲上民。必以言下之。欲先民。必以身後之。

是以聖人。處上而民不重。處前而民復害。

是以天下樂推而不厭。以其不爭。故天下莫能與之爭。

第六十六講　謙卑低下

汪洋的江海之所以能成為百川眾流之王，就是它善於處在低下的地位，使百川眾流之水，無論淨穢，皆能容納，所以才能成為百川之王。

「聖人」他能夠高居萬民之上，就是他心口一致，而且先謙虛自己的言語，自稱為下，所以，如果你也想居於別人的先前，那麼你必須先尊重所有的人，尊重所有的人，所有的人才會尊重你，反之你輕視所有的人，所有的人就輕視你。

所以「聖人」雖然居於所有人的先前，可是人民會自然的崇敬，不會去嫉妒他，或是加害他。而且天下的人都樂於推舉他，而不討厭他。這就是他不與人相爭，所以天下人也就沒有人能勝過他了。

三寶章第六十七

天下皆謂我道大。似不肖。
夫唯大。故似不肖。若肖久矣。其細也夫。
我有三寶。持而保之。
一曰慈。二曰儉。三曰不敢為天下先。
夫慈故能勇。儉故能廣。不敢為天下先。故能成器長。
今捨其慈且勇。捨其儉且廣。捨其後且先死矣。
夫慈以戰則勝。以守則固。天將救之。以慈衛之。

第六十七講　慈祥的愛心

・天下人都說，我把『道』講得很大，其實看不出『道』有什麼能力，根本不像很大的樣子。

・不錯！就因為『道』很大，所以才不像任何的東西。如果「祂」像某一種東西的時候，豈不是很久以前就被人認為那是一件很細小的東西嗎？

・在修身處事方面，我有三項要訣，只要你持有「祂」，就是你的身中之「道」了。

・那就是第一——慈祥的愛心。

・第二——節儉純樸。

・第三——不敢自高、自傲、居於別人的先前。

・因為慈愛才能產生勇氣，就好比一位母親，為了兒子的生活，就背負自己責任的勇氣，這就是慈愛所發輝的勇氣。

・因為節儉自己的精神不妄洩，所以才能精神飽滿，使先天之氣運轉，五氣朝元，三花聚頂，元神復位，然後天地任我遨遊，更能發輝廣大的救人救世大事業。

・因為謙虛卑下的美德，才能受人尊敬擁戴，像這種德性的發輝，正是大器晚成的寫照。

・可是現在有人捨棄了慈祥的愛心，而好勇鬥狠，且好出風頭。

捨棄了節儉純樸，而荒淫無度，且浪費光陰。

・捨棄了謙虛退讓，而好爭好鬥，且瞧不起人。像這種人，就是自己想要快一點邁向死亡之路了。

・所以說，抱著「天性慈祥的正氣」，才是永恒的勇氣，此種勇氣，才有真實的力量，以此種力量去對付逞強邪惡之輩的擾亂，才能得到真正的勝利。

・而且以「慈愛」來防守，就能得到鞏固，因為慈愛本是上天所賦的本性，盡到天賦的本性，天下之人，就會擁護愛戴，能夠得到擁護愛戴，在上位的人自然能夠得到鞏固的支持了。

不爭章第六十八

善為士者不武。善勝者不怒。
善戰敵者不與。善用人者為之下。
是謂不爭之德。是謂用人之力。
是謂配天。古之極。

第六十八講　最佳的勇士

最佳的勇士，絶不會誇張自己的武力，也不會逞強好鬥，更不會顯出凶狠的樣子。

最好的戰士，是時時保持太和之氣，經常養精蓄銳，絕不會輕易就暴躁發怒。

最會打勝仗的將帥，是最不想要宣佈和敵人交鋒打戰的，如果宣佈與敵人交鋒打戰，也是為了早日和平著想。

最會用人的長官，常常關懷部下，為部下著想，如此的信誠關照，才能讓部下信服擁戴。

以上這些都是不與人相爭的美德，也是用人的真正力量，這就是配合天地之德，順其古道，所表現的極致啊！

用兵章第六十九

用兵有言。

吾不敢為主而為客。不敢進寸而退尺。

是謂行無行。攘無臂。仍無敵。執無兵。

禍莫大於輕敵。輕敵則幾喪吾寶。

故抗兵相加。哀者勝矣。

第六十九講　眞正的勝利

軍事家有一句箴言：「我不敢主動先向對方挑戰，只有在對方已經開始攻擊的情況下，才起而應戰，我不敢以殘暴好殺之心，去爭強爭霸，我只想保全固有的國土，使戰爭早日平靜。」像這樣的打仗，雖然軍心士氣高昂，可是卻沒有殺氣騰騰的兇惡。雖然高舉著臂膀，高呼著口號，可是卻沒有凶殘暴虐的模樣。雖然互相打仗，可是卻沒有不共戴天的深仇大恨要懷恨在心。因此這種人，不是為了好殺好戰而打仗，只是為了正義，為了和平而打仗，像這種慈愛發輝的打仗，才能使軍民全心全力以赴，也是勝利的象徵。所以說，這種戰爭，雖然手裏拿著兵器，可是，這正是正義之手，不是殺人的兇手。

災禍的發生，都是好戰好殺的人所引起的，而這種人，也是過份輕敵的人，而不知輕視敵人就是失敗的主因。因為再小的國家，只要全國上下，團結一致，軍民同心，這種力量就遠勝於兇殘暴虐的好戰之師，為什麼呢？因為一個是順天行事，一個是逆天行事，差別就在於此。不以好殺好戰去打仗，而以順天行事悲憫蒼生才出戰的國家，才能得到真正的勝利。

懷玉章第七十

吾言甚易知。甚易行。
天下莫能知。莫能行。言有宗。事有君。
夫唯無知。是以不我知。知我者希。則我貴矣。
是以聖人被褐懷玉。

第七十講　我的言論

我的言論，實在很簡單，你們應該容易了解，而且又容易做到才對。可是現在天下的人，「本性」已經迷昧了，所以才不了解我的「道」，

又難以遵照 我的「道」去做。因為 我所說的言論，都有個宗旨。我所說的事情，也都有個含意。可是你們就不了解這些宗旨，又不了解這些含義，這都是你們受到耳目見聞所染已久的原因。

所以才不知道 我所說的話；更不知道 我所講的道理；更不了解 我的心意。因此，真正了解 我「道」的人，的確太少了，大概是 我所說的道太珍貴了吧！因此「聖人」就好像一位身外披著破舊衣服的人，可是身內卻懷有寶玉，別人怎麼會知道呢？

不病章第七十一

知不知上。不知知病。
夫唯病病。是以不病。
聖人不病。以其病病。

第七十一講　知與不知

已經了解「道」，卻認為自己還不了解「道」的人，是真正了解「道」的上等人。尚未了解「道」，就志得意滿，而且還自吹自擂，自以為了解「道」的人，就是得了高傲誇張的病症。

唯有先知先覺的人，了解高傲誇張是一種病，所以以後，才不會再犯上這種病。

「聖人」就是這種人，所以「聖人」就沒有這種病，因為他知道高傲自取是一種病，所以「聖人」就不患這種病了。

畏威章第七十二

民不畏威。則大威至。無狹其所居。無厭其所生。夫唯不厭。是以不厭。是以聖人。自知不自見。自愛不自貴。故去彼取此。

第七十二講　愛惜自我

做什麼事，都胡作非為，而且又毫無畏懼的人，比較大的災禍，很快的就要降臨，這正是自尋的罪惡之途，也是自尋的毀滅之路。

因此你們不要把你以後的去路，狹窄起來，應該要開闊你的心胸，就好像四海皆兄弟，無處不是我的歸處一樣的廣闊。

而且你們不要厭棄「真我」，應該趕快去修身立命，使「真我」，不生不死，不來不去，自在解脫。因為唯有這樣不厭棄自己的「真我」，天地萬物，也才不厭棄你。

所以「聖人」只求明心見性，而不受外在的一切蒙蔽本性。這就是「聖人」愛惜「真我」的大生命，不受因果輪迴的拘束，因此他不貴重身外的榮華富貴，以及人間的虛情假愛。這就是「聖人」看輕假身，而求「真我」的解脫。

天網章第七十三

勇於敢則殺。勇於不敢則活。
此兩者。或利或害。天下所惡。
孰知其故。是以聖人。猶難之矣。
天之道。不爭而善勝。不言而自應。不召而自來。
繟然而善謀。天網恢恢。疏而不失。

第七十三講　因果羅網

凡事想表示自己勇敢，而殘暴好鬥，又胡作非為的人，必會遭到殺身之禍。凡事不敢輕舉妄動，又不逞強好鬥的人，就可以明哲保身。

以上這兩種人，一種是對自己有利，一種是對自己有害。這就是上天的本意，討厭剛強好鬥的人，可是有誰能夠知道它的原因呢？就是「聖人」也難以了解這些道理。但是冥冥之中，就好像有這個定數，有這種感應。不相信，你看吧！天的法則，天的造化，「祂」經常不與萬物相爭，可是「祂」從古代的到現在，無論你怎樣與「祂」相爭，到最後，還是「祂」得到勝利。

這好像，上天雖然不說話，可是「祂」有一種不可抗拒的感應。不用你去安排與召請，「祂」自然就降臨下來。而且，報應較快的，反而知道警惕，知道懺悔反省；報應較晚的，罪惡就愈深，罪惡愈深的，災禍就愈慘。像這種因果報應，好像上天早就謀算好了。這就是上天散佈下來的因果羅網吧。「祂」就是那麼的廣闊，那麼的稀疏，可是對因果報應，都毫髮沒有漏失呀！

司殺章第七十四

民常不畏死。奈何以死懼之。
若使人常畏死。而為奇者。吾得執而殺之。孰敢。
常有司殺者殺。夫代司殺者。是謂代大匠斲。
夫代大匠斲者。希有不傷其手矣。

第七十四講　暴政之下㈠

政治家如果施行暴政，老百姓一定不堪暴政的摧殘，如果到了民不聊生的地步，也不怕死了，就想起來革命反抗了。到這個時候，執政的人，才想以殺人去威脅百姓，有何用呢？

因此，如果百姓生活在安定的時候，他是怕死的。在這個時候，如果有人為非作歹，執政的人以政治清明的作風，把這些為非作歹的人抓起來審判死刑，還有誰敢再來送死？

但是暴政之下，一切情形就不同了，常常遇有在司法官的命令之下，劊子手才殺人的。也有一些不是司法官命令之下，也不是劊子手，就亂殺人的。就好比一位不是砍柴的木匠，也要代替別人去砍柴，這種代替別人去砍柴的事，少有不砍傷自己的手啊！

貴生章第七十五

民之飢。以其上食稅之多。是以飢。
民之難治。以其上之有為。是以難治。
民之輕死。以其求生之厚。是以輕死。
夫唯無以生為者。是賢於貴生。

第七十五講　暴政之下㈡

暴政之下，執政的人，只顧自已縱慾玩樂，對於人民失去「仁、義、禮、智、信」，在這個時候，課稅必然超過人民所得，人民在入不敷出又勞力用盡的情況下，自然就飢餓不堪了。

這就是執政的人，失去仁、義、禮、智、信的原因，所以人民也跟著奸詐虛偽，等到這個時候要治理百姓就困難重重了。

一旦到了民不聊生的地步，人民也就不怕死了，這都是在上位的人縱慾玩樂，過份奢侈的原因，才使人民不怕死的結果。

所以唯有，清心寡慾，恬淡虛靜，才是真正貴重他自己的生命。自奉太深，縱慾太甚，反而是輕視自己的生命。

柔弱章第七十六

人之生也柔弱。其死也堅強。萬物草木之生也柔脆。其死也枯槁。故堅強者死之徒。柔弱者生之徒。是以兵強則不勝。木強則拱。堅強居下。柔弱居上。

第七十六講　柔弱與剛强

人在活著的時候，身體是柔軟的，死了之後，身體才變成堅硬。

萬物也是一樣，你看花草、樹木，它在活著的時候，樹枝也是柔軟的，只有死了之後，它才變得堅硬。

由以上的道理，可以知道，知果守住剛強頑固的人，就是想快點邁向死亡的人，反而謙退柔弱的人，才是走向永生之路。

因此逞強於兵力，喜歡戰爭的國家，往往得不到勝利。就好像樹木強大的，反而要遭受砍伐。

所以說，經常自誇強大的人，反而使人討厭，讓人看不起他，而以謙退柔弱自處的人，反而讓人崇敬擁戴。

天道章第七十七

天之道。其猶張弓乎。高者抑之。下者舉之。
有餘者損之。不足者與之。
天之道。損有餘。而補不足。
人之道。則不然。損不足。以奉有餘。
孰能以有餘奉天下。唯有道者。
是以聖人。為而不恃。功成而不處。不欲見賢。

第七十七講　天道的微妙

天道的微妙，就好像拉開弓箭準備射擊的情況。目標在高的地方，弓弦就要往上拉。距離較短的，拉開弓箭的力量就要小一點，距離較遠的，拉開弓箭的力量就要大一點。

天道的微妙也是如此，物極必反，循環不已。萬物總是在平衡又調和的情況下，生生化化，調節運轉。

可是世人就不是這樣了，比如作人處事方面，常常去做錦上添花這些虛偽的事，而救濟貧困這些實質的工作，卻少有人要去做。

所以有誰能夠將有餘的精神與財力，奉獻給天下貧困的人呢？我想只有——有「道德」的人，才做得到吧！

因此，「聖人」體悟「大道」，還不敢仗恃自己的能力。順天行道也不想自居其功，這就是「聖人」他願處處彰顯自己的能力，將自己的長處，去補助天下百姓的不足。這就是「聖人」所行的天道啊！

水德章第七十八

天下柔弱。莫過乎水。
而攻堅強者。莫之能勝。其無以易之。
故柔勝剛。弱勝強。天下莫不知。天下莫能行。
故聖人云。受國之垢。是謂社稷主。
受國不祥。是謂天下王。正言若反。

第七十八講　柔弱的益處

天下最柔弱的東西，沒有一樣能超過水了，水雖然柔弱，可是如果有其他堅強的東西去攻擊它，它總是得到最後的勝利。如石頭丟到水裏，就被它涵蓋，因為它有「包涵性」，如火遇到它，就會被撲滅，因為它有「化解性」；如泥土遇到它之後，就變得柔軟，因為它有「柔韌性」；如木材浸在水裏就會腐爛，因為它有「滲透性」；如鋼鐵浸在水裏就會生銹，因為它有「浸蝕性」，而且，它無論在什麼地方，柔弱低下的本性絕不更改，因為它有「平等性」。

以上，這些都代表著柔能勝剛，弱能勝強的原理。像這些事實，天下沒有一個人不知道的，可是世人就少有人能夠學習「水」的榜樣。

所以「聖人」說：「能夠承受全國人民的污穢與侮辱之人，才稱得上「國家的主人翁，能夠承受全國災難的重擔，才稱得上「天下之王。」」

你看像這種卑下委屈的話，就是「聖人」柔弱的真正本性，但是卻能得到反面的益處呀！

左契章第七十九

和大怨。必有餘怨。安可以為善。

是以聖人。執左契。而不責於人。

故有德司契。無德司徹。

天道無親。常與善人。

第七十九講　上天的德行

世人好勝之心甚強，私心過重，所以常常為了某些不如意的事情就發生爭執，或是結下仇恨，像這種事情，都是雙方自負心甚強，才產生的結果。因此，縱然在某種機緣下，有人出面調解了恩怨，可是雙方，仍然有些不愉快的心結隱藏心中，還是難以化解的，所以這種和解，只是勉強的和解。像這種勉強的和解，難道可算是完善的結果嗎？

所以唯有「聖人」的心，虛靜恬淡，不與世人紛爭計較，如果有恩於世人，也不惦念心懷，也沒有回報的思想，這就是「有德之士」的作為。

可是世人的心就不同了，就好像是催討債款的人，借多少討回多少，一點也不放鬆。這不就是好像無德的人，佈施了一些金錢財物，心裏頭就一直惦念著回報！

所以，只有「上天」的德性是最令人欽佩了，因為「祂」養育萬物，是不分親疏貴賤，同樣的施予恩惠，因此行善之人的心境，應該學習「上天」的德性！然後你就是「上天」的知己，跟「祂」一樣擁有一顆「大公無私」的心了。

不徙章第八十

小國寡民。使有什伯之器。而不用。使民重死。而不遠徙。
雖有舟車。無所乘之。雖有甲兵。無所陳之。
使民復結繩而用之。甘其食。美其服。安其居。樂其俗。
鄰國相望。雞犬之音相聞。民至老死。不相往來。

第八十講　純樸的世界

如何回復到「純樸」的世界呢？應該像人民很少的小國家一樣，大家都過著純樸和諧的生活。在這個時候，假使有一些人的才幹，能超過十人甚至一百人的大人物，也用不到他的才華。在這個時候，人民安居樂業相處無事，就會尊重自己，也不想到處搬家了。這個時候，雖然有船有車，也沒有人爭先恐後想去乘坐。就是有武裝的兵器，也不知道要放在那裏。

這時候，人民吃飯都覺得甘甜，穿衣都覺得華美，居家都覺得安樂，風俗習慣都覺得樂趣。與鄰近的邦國互相遠望，都覺得友好，聽到雞鳴狗吠的聲音，都覺得調合。這時候，人民生活滿足，就是活到老，也沒有怨言，更不想搬家了。

不積章第八十一

信言不美。美言不信。善者不辯。辯者不善。
知者不博。博者不知。聖人不積。
既以為人己愈有。既以與人己愈多。
天之道。利而不害。聖人之道。為而不爭。

第八十一講　聖人的使命

信實的話，不是花言巧語，所以聽到耳裏，總是不悅耳、不動聽。
花言巧語的話，雖然動聽，可是不一定是從心裏講出來的，因此這種話，總是缺乏信用實在。

美好的事物，良善的言語，不必去費口舌爭辯，費了口舌爭辯的事情，便是非良善的言語，也非美好的事物。

求「真知」的「大智慧」者，社會知識不必廣博，廣博反而得了「知障」，這就是「聖人守一」而萬事畢的原理。

所以，求得外在廣博的知識，不一定就是「真知的大智慧」者，因為追求外在的形象，越追越遠，越追越迷，而且永遠無法探求真正的答案。因此，「聖人」不必去追求外在的知識，更不必追求物慾來佔為己有。「他」只是奉獻自己的力量去幫助人，去禮讓人，然而「他」卻沒有想到自己所做的結果，反而受人來欽佩，讓人來崇敬。不但如此，另一方面，便使他的博愛精神，留在世人的心靈中，刻下了永恒的追思和懷念。因此，「他」好像符合上天的道理，只是利益萬物，而不去侵害萬物，只是調合萬物，而不與萬物相爭。

道祖史傳

一、地球的形成

在無邊無際的茫茫大宇宙中，產生了很多銀河星系，及數不盡的天上星星，道經云：「開明三景，化成諸天。」是也。但每個恒星形成的模式，據天文科學家近期發現，概述如下：

在無邊太空星際中，產生了氫原子組成的氣團，這種巨大氣團慢慢成為漂浮的塵雲，塵雲經過大宇宙不斷的運行旋轉，到達一百萬萬年左右，就開始凝聚，逐漸形成了一顆「原星」。

「原星」重力的凝聚，一開始是很緩慢的，但其核心溫度，則會加快上升，因此氫原子被高温激發，產生游離作用，形成電磁輻射，不過由於塵雲厚度很大，初期的輻射，均被塵雲全部吸收，無法透出外面。及至塵雲核心的溫度益趨上升，電磁輻射跟著加強，那就可以突破四週的塵雲而發射雲團之外，產生紅外線的光芒，如此繼續發展，到了雲團核心的重力壓縮其溫度足以引燃「核子之火」，這個大的雲團就逐漸活潑自立而有了自己的生命，由「原星」搖身一變而化成一個可以自轉公轉的星球了。此種星球化生的模式，太空中的恒星個個相同，我們的地球的形成，也是一樣。

就地球而言，塵土凝結為地，雲氣（大氣）外繞為天，古人謂：「天開於子」，子屬水，即是無形大氣的外繞。又謂「地闢於丑」，丑屬土，即是有形塵土的凝結，一團大氣，包裹地球，如同一個卵黃一般，清濁劃分，各有所司，於是地闢天開，產生了我們共同安身立命的世界——地球了。

地球形成之後，所謂天、地、山、澤、水、火、風、雷的八卦，一一顯現，天地結合，成為一個太極，太極中的三才，各有五行以顯神用，以成其玄妙。如天之五行——風、熱、燥、温、寒是也；地之五行——金、木、水、火、土是也；人之五行——精、神、魂、魄、意是也。五行相因，成就造化，於是地球人文，蔚然成章。但因地球表面，有山水圍繞的隔閡，形成了氣候不同形態各異的五大洲，以及語言不同的國家與習俗各異的民族。

我中華民族，得天獨厚，居於氣候温和的中土，人屬黃種，備有五行之中的正德本性，所以天地鍾靈，聖賢代出，凡屬聖賢，均俱有「法天則地」、「民胞物與」的偉大胸懷，相繼昌明政教，希望「天清地寧」、「民安物阜」，以至於天人合一，使人心的已離已鑿，復還於樸實無華及清靜安樂的至高無上境界。

在已往聖人之中，能旋轉乾坤，教育人類，照顧萬有，被世人尊為神仙宗伯的，首推『太上老子』了！老聖遠在殷商時代武丁庚辰年，便降生在我中華國土，他指導孔子，啓迪孔子智慧，孔子因而得以集儒門之大成，完成格物、致知、誠意、正心、修身、齊家、治國、平天下、內聖外王之道，以為入世治世之張本；並將「安樂延年」「羽化飛昇」之道，下傳後聖關尹子、王少陽等仙真，使人得知「長生」及「無生」之門，用以返還天地未生之初，超凡證聖，以脫生死輪迴之苦，此種福蔭億萬世子孫，德被寰宇生靈的偉大聖人，能在中國誕生，這是我們的榮耀，也是人類的幸福。

二、太聖人的降生

我國安徽省的北部，有一個叫渦陽的小縣，在一百年前，是從鄰近的蒙城、亳縣、阜陽、宿縣四個縣劃地而成的新縣，此縣有一條橫貫東西的河流，名叫渦河（古名雉水），渦河北岸二十餘里有一座活像龍形的小山，名叫龍山，就在這龍山渦水之間，便是太上老子降生的聖地。（此地即是昔日的亳縣、苦縣、真源縣所屬。）

根據古書所載，太上老子世家及降生的情形是這樣的——

仙人李靈飛娶天水玄妙玉女尹女為妻，尹氏名益壽即『太上之母無上元君』也。李靈飛之父名慶賓，得長生之道，年逾百歲，常有少容，遍遊五嶽，一日雲龍下迎，白日昇天，靈飛感父昇天之事，精修大道，亦百有餘歲，當老子未誕之前，即道成昇天而去。

商朝陽甲十七年庚申歲，太上老君自「太清仙境」分神化炁，乘日精、駕九龍、化為五色琉珠從天而降，時尹氏晝寢，感而吞之，覺而有孕，尹氏懷此聖胎之後，神炁安閑，容顏轉少，所居房屋，六氣平和，冬無凝霜，夏無炎熱，祥光照護，眾惡不侵，如此年復年年，不知不覺經過了八十一個寒暑，到了商朝武丁庚辰二月十五日卯時，聖母因攀李枝，老子便從左腋降生。（時在西元前一三二四－一四〇八年間降凡）

這時天上的太陽，光輝倍加明亮，庭院的上面及四周，祥雲盤結繚繞，萬鶴在空中飛翔，九龍從地下湧出，龍山所處，頓成九井，聖母跪捧九龍井中之水，為老子沐浴聖體。

老子降生之後，左手指天，右手指地，說道：「天上天下，唯道為尊，世間之苦，何足樂聞。」老子降生九日，身有九變，皆是天冠天衣，自然被體，俱七十二相，及八十一好。

所謂七十二相者——

頭圓如天、面光象日、伏犀蟠起、玉枕穹隆、皓髮如鶴、長七尺餘、眉如北斗、其色翠綠、虎髭龍鬚、素結如絲、耳有垂珠、中有三門、高平於頂、厚而且堅、河目日月、方瞳綠筋、鼻有雙柱、準骨隆隆、口方如海、唇亦如丹、舌有紫色、其香如蘭、齒如編貝、其堅如銀、數有六八、上下均平、方長且廣、形如錦紋、其音如玉、其響如金、顴高而起、頤方若矩、日角月淵、金容玉姿、龍顏肅肅、鳳視閑閑、額有光象、三午上達、天庭平坦、金匱充盈、頰有白誌、頤有玉丸、項有三約、鶴素昂昂、垂臂過膝、手握十紋、其指纖長、各有策文、爪有玉甲、身有綠毛、胸有偃骨、背有河魁、臍深寸餘、腹軟如綿、有心錦紋、腹有玄誌、眼有輪文、足蹈二卍、指有乾坤、身長丈二、遍體芳香、面方而澤、上下三停、體如金剛、貌若琉璃、行如虎步、動若龍趨、左挾青龍、右據白虎、前導朱雀、後從玄武、寶相圓明。

所謂八十一好者——（下列九相加前述七十二相合稱八十一好）

頭蔭紫雲、足履蓮花、項負雙景、五明耀目、身有圓象、動照九天、兼金仙相、聖光耀日、光照奇妍。

老子降生李樹之下，又降生李氏之家，名為李耳，字曰伯陽。茲後為了趨吉避凶，續有多名，即：一名雅，字伯宗。一名志，字伯光。一名石，字孟公。一名亭，字子文。一名定，字元陽。一名元，字伯始。一名顯，字元生。一名德，字伯文。統稱『老子』者，蓋「老」乃長年之稱；『子』乃幼稚之號，生而白首，兼俱二儀之象，故曰老子也。又「老」曰終，「子」曰始，始終兼賅也。

三、受母教於無上元君

老子生身之聖母——無上元君，本是『洞陰玄和之炁』凝化成人，號先天玄妙玉女，曾為上帝之師。

太上老君先天毓神，歷劫行化，接應隱顯，難以數計，因知此次行化人間，必須表白萬物之生，必有其始，使人類知道大家皆可學道成真。易言之，叫人知道仙真是由人們自己修證得來的，所以「分神散形」，寄胞於元君而降生到了人間，作為示範。

老子降生之後，一日侍母之側。

聖母顧謂老子曰：「修煉成眞之大道，願預聞乎？」

老子曰：「請母親詳加教誨。」

聖母曰：「我看一個人的身體，皆是六家之物，方便借用而成。」

老子曰：「什麼是六家呢？」

聖母曰：「甲寅是木神，為骨格。甲申是金神，為齒爪。甲戌是土神，為肌肉。甲辰是風神，為氣息。甲午是火神，為溫暖。甲子是水神，為淵澤。又木神為肝、火神為心、土神為脾、金神為肺、水神為腎、風神為膽，六甲共成人身。因此人身之中，有了五臟六腑，九宮十二室，四肢五體，三焦九竅，一百八十關機，三百六十骨節，各隨而居，故能動作視息。飲食語言，辨別好惡。知道是非。」

老子曰：「有了人身，後果如何？」

聖母曰：「上述六家，如有一家不和，疾病立即到來，人生各有年月日時，隨其所屬星宿，以定其貧賤富貴，生命長短；然而六家之物，有合則有散，有生則有死，有成則有敗，有盛則有衰，這是物之常數。因此，身有應敗之患，神有應散之期，命有應盡之勢。神在是人，神去為尸，非常可怕可痛之至！」

老子曰：「請問促壽之因？」

聖母曰：「五色亂目，使目不明。五聲亂耳，使耳無聽。五味亂口，使口厲爽。取捨亂心，使心飛揚。嗜欲無厭，使神流散。憎愛不泯，使心勞煩。因此，五色是陷目之錐，五音是塞耳之鎚，五味是截舌之斧，眾貨是焚身之火，這都是殃禍患害之根，如不從速防止，則志氣日耗，壽命日減，漸漸趨於死亡了！」

老子曰：「請問長生之道？」

聖母曰：「夫享長生者，始於一身，次及家鄉，至于天下。為子盡孝，為臣盡忠，為上盡愛，為下盡順，色味調和，與道合真。如果只為一己之身長生久住，無為逃避，上下不營忠孝，不存兼濟，偏善乖道，自是失德。縱不能棄吾我之權，忘色味之適，實無異枯木死灰，復何足貴！夫修道者，在適而無累，和而常通，永卻無窮，濟度一切，如使萬有同得長生，乃可為貴也。」

聖母曰：「長生難得，須從忠孝仁義做起，由忠孝仁義立者，功及於物，生自可延。無此德者，獨守山林，木石為偶，徒喪一生。後方墮苦，先罪未釋，今又無功，遂失人道，生處邊夷，或生飛潛群醜異類之中，永與道隔，深可悲也！若能以之習善生樂，常加存運，渡涉生死之苦，到達無極之境，才是正途！因此上士積善，永久長生，叫做真人。及至位證真人，便可超渡三界，逍遙上清，天地有壞，真人永遠不壞了！」

聖母曰：「善惡報應不爽，福禍全在人為，凡人有一千惡者，後代出妖逆。二千惡者，身為奴僕。三千惡者，六疾孤窮。四千惡者，疫病流徙。五千惡者，為五獄鬼。六千惡者，為二十八獄囚。七千惡者，為諸方地獄迷。八千惡者，墮寒冰獄。九千惡者，入邊底獄。一萬惡者，墮薜荔獄。萬惡之基，起於三業，一一相生，以至於萬惡，墮薜荔獄者，永無出期，渺渺經天，無由濟拔，到此地步，能不痛哉！」

聖母曰：「夫人覺有一惡，急宜改而不犯者，去道近矣！若為魔邪所干擾者，當洗心責己，悔過自修，即可反惡為善矣！」

聖母曰：「人有一善，則心定神安。有十善則氣力強壯。有百善則寶瑞降之。有千善則後代神真。有二千善，則成為聖真仙將吏。有三千善，則成為聖真仙曹。有四千善，則成為天下師之聖真仙主。有五千善，則成為聖真仙魁師。有六千善，則成為聖真仙卿大夫。有七千善，則成為聖真仙王公。有八千善，則成為聖真仙皇帝。

有九千善，則成為元始五帝君。有一萬善，則成為太上玉皇帝。」

聖母正視太上良久，鄭重的繼續說道——

曰：「萬善之基，亦在三業，十善相生，至於萬善，行善益算，行惡奪算，賞善罰惡，各有職司，報應之理，分毫無失，長生之本，惟善惟基也，戒之勉之！」

聖母笑展慈顏繼續說道——

曰：「人生天地之中，有清有濁，有剛有柔，因而修之，各成其性。夫氣之清者聰明賢達，氣之濁者凶虐愚癡，氣之剛者高嚴壯烈，氣之柔者慈仁淳篤。所以木性彊直，土性仁和，水性謙退，火性猛烈，金性嚴脆，各隨所受，以定其性。智者返伏其性以延其命，愚者恣縱其慾以傷其性，夫性者命之原也，命者性之根也。勉而修之，勤而鍊之，所以營生以養其性，守神以養其命，則離苦昇樂，福祚無窮矣。」

聖母曰：「且人之生也，皆由於神，神鎮則生，神斷則死，所以積氣為精，積精為神，積神則長生矣。」

太上唯唯受命。

聖母又繼續說道——

曰：「可憐的世人，唯知豐餚以甘其口，不知美食之傷其命。只知爵祿以榮其身，不知爵祿奢麗之傷己也。是故修學之人，鍊身於九丹，解結於五神，引氣於本身，滅根於三關（按：煉精化氣氣化神，是名大道透三關），九鍊十變，百節開明，斷滅胞結，乃知本真矣，既知本真，則成上仙也。」

聖母曰：「夫仙者心學，心誠則成仙；道者內求，內密則道來；眞者修寂，洞靜則合眞；神者須感，積感則通靈。常能守一，去仙近矣！若心競神勞，體煩不專，動靜喪精，耳目廣明者，徒積稔索道，道愈遠也！人不修道，如幻化耳，但寄寓天地間少許時也，轉瞬已趨滅亡之路矣！」

聖母曰：「人若能攝氣營神，苦辛注真，久將得道，道成則與天地共寄於太无之中矣。又能洞虛體元，則與太无共寄於寂寂之中矣。能洞寂寂者，視之不見，聽之不聞，則與道冥然合而為一矣。」

老子曰：「今浪跡塵寰，欲長生不死，隨世度人可乎？」

聖母曰：「吾有秘寶，非聖不傳，有能修之，可以長生。」

老子曰：「願聞其詳。」

聖母曰：「至道淵奧，深不可試，非有非無，無聲無色，視之不見，搏之不得，囊括天地，至人無極，近在諸身，莫之能測，能知其則，是為玄德。」

老子曰：「其道亦有術可致之乎？」

聖母曰：「道者虛通之至真也。術者變化之玄技也。道之無形，用術以濟人；人之有靈，因修而契道（與道合真）。人能學之，則變化自然矣。」

聖母曰：「道之要者，在深簡而易也。術之秘者，唯符藥與炁也。人雖得一事未畢，要資符藥，道乃訖。此　吾之秘寶耳。『符』者，三光之靈文，天之眞信也。『藥』者，五行之華英，地之精液也。『炁』者，陰陽之和粹，萬物之靈爽也。此三者，致道之要機，求仙之所寶也。人能兼之，可以常存，度人無量矣。

老子曰：「身者，得道之器也。炁者，致命之根也。器敗則道去，根拔則命終。今欲修之，令命固道隆，可得聞乎？」

聖母曰：「人稟骨肉之質，猶陶家坯，坯未冶則敗必速。身未鍊則命必促，理之當然也。縱使德冠當世，神契太玄，而身未免老死，夫何故？此由造化致然而不得不然也。」

聖母曰：「道何以達，弘之在人，而欲得長生，必須在形體神炁上下功。夫藥能鍊形，符能致神，神歸則心通，形堅則炁固，神全炁固形復堅者，命可全也。命全然後化炁變精，洞入無形，飛行虛空，存亡自然，乃能長久長存也。人之得道，雖大劫之交，天地崩淪，而災害不能及者，符藥之功也。」

老子曰：「服神丹而得長生者，神靈佑之乎？」

聖母曰：「長生之功由於丹。丹之功成由於神。故在合丹之時，必先正其心，使心不履罪惡，神明佑之，作丹必成。神丹入口，壽命無窮，天地明察，道歸仁人。今觀世人，不信長生可學，謂為虛誕，暮暮朝朝，並作求死之事。老天豈能強為生之。身後縱能千金送葬，有何益哉？神丹道成，不唯長生而已，亦可做救世之寶。知此道者，安用天下為？人若以國而換吾力，吾亦非其人而不傳也。」

老子頻頻點頭說道——

曰：「願聞其詳。」

聖母此時仰天而嘯，忽然間有紫雲如蓋，自天而降，自天而降，中有五色，光明八達，有仙人涓子侍之。聖母乃取出神圖寶章，變化之方，還丹伏返，水鉛火汞之術，凡七十二篇，以授老子金液之術。

聖母曰：「夫神仙之道，不在祭祀禱鬼神。不在導引與屈伸。不在咒願多言語。不在精思苦勤。長生之要在神丹，知之實易行實難，子能行之。可長存。此道功成立得仙。金液之術其文曰：「一為玄玄生金公，太陽流珠入華池，斤內五兩文萎蕤，赤監白雪成雌雄，五符九丹得之飛，真道在此人不識。」

聖母復告老子曰：「寶章變化之功，金液還丹之術，昔有七十二篇，今則九篇矣，凡三卷，卷有三篇，其中卷三篇，乃丹道之正經也。一曰玄白、二曰金精、三曰飛符、四曰金華、五曰三五青龍精，此謂之五符也。九丹者，一曰白雪、二雌雄、三曰金液、四曰白華、五曰丹華、六曰五色，七曰泥汞、八曰金精、九曰九鼎、皆名九轉還丹也。得一丹者，可以長生，不必盡作也。神丹之道，三化五轉，至九而止。若草木之藥，埋之則腐，煮之則爛，燒之則焦，不能自生，何能生人？金丹之道即反於此，燒之愈精，冶之愈妙，故能令人長生。」

聖母曰：「九丹雖同，得之者，視其平日所作之功業而定，上士服之，昇為仙官。中士服之，棲集崑崙。下士服之，長生人間矣！」

聖母曰：「九丹金液，同為昇天之道，彌足珍貴。服九丹者爲仙官，雲龍來迎其身。服金液者，身生金色，立可昇天。端在積功立行，神丹自至，無功行者，仙不可希也！吾昔於元始天君傳千二百訣，塵沙之劫，授度者多，昔傳至真、大仙、天帝、上帝、太微、太一、元君、下又玄女、黃帝，皆得道矣！道不虛行，必授其人。若耽樂嗜欲，留滯聲色，懷是非之心者，如墜石投川，往而不返，甚可痛也！然此道高妙，秘於九玄瓊臺，雲笈萬年一傳，非有玄籙玉名者，難見篇目，自無宿命，骨分形苦之人，不得聞矣！」

聖母教導老子丹道，以示後世天下之人，求仙修道之本，聖母完成了對太上教育重責之後，仰視天際，天上的雲輿羽蓋，仙官衛從，森然而集，聖母即乘八景之輿，白日昇天冉冉而去。

四、和光同塵隱潛人間

太上降生之後，一直隱居於苦縣曲仁里的龍山渦水之間。紂王即位，暴虐無道，即遷居西伯侯（文王）屬地岐山之陽，自號爕邑子，文王請他做個守藏史的小官。武王克商，改朝為周，詔太上為柱下史，太上這時又改名為經成子，辦理相當於現在國史館的工作。康王時，改名為郭叔子，仍為柱下之職。至周昭王二十五年（西元前一〇一七年）五月十九日，託病辭官，駕青牛之車，命徐甲為御，去周返鄉，回到了渦水之濱。

大聖人老子足蹟遊歷圖

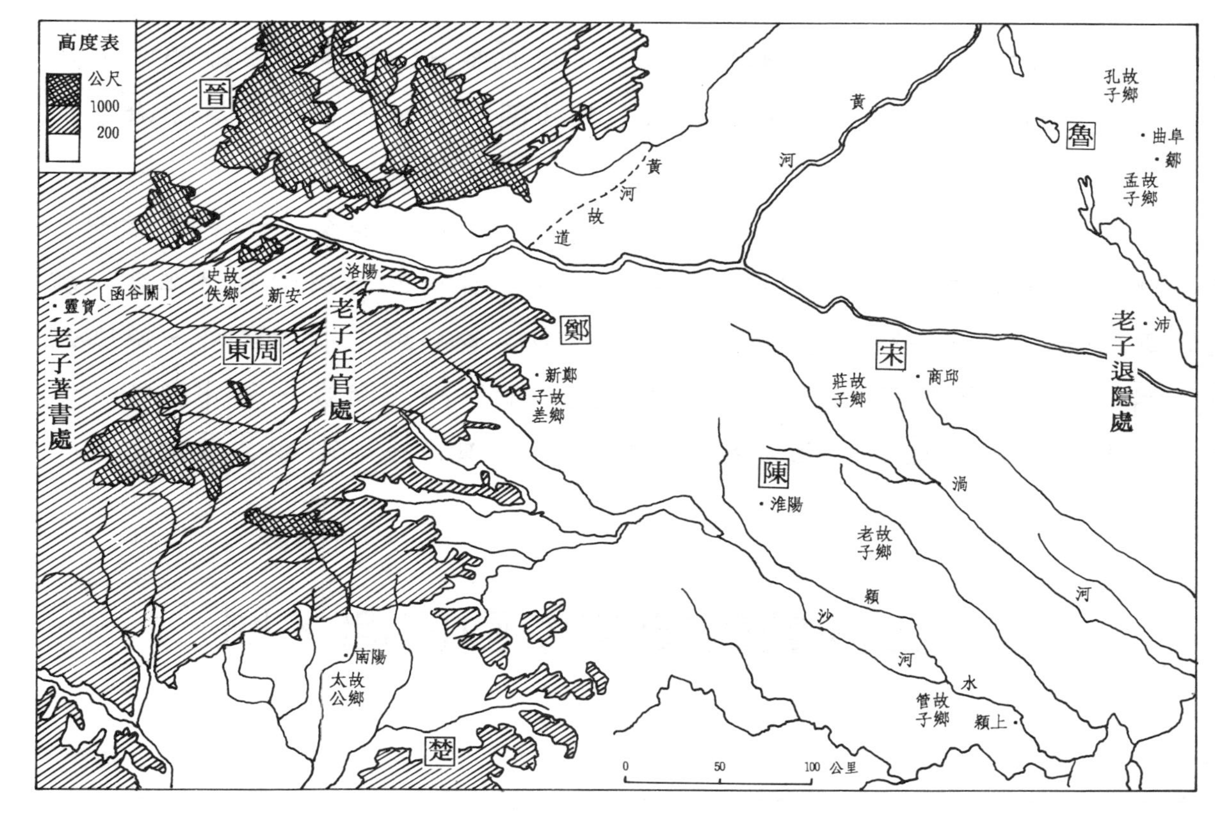

高度表
公尺
1000
200
晉
魯
孔子故鄉
曲阜
鄒
孟子故鄉
黃河
黃河故道
洛陽
新安
史佚故鄉
〔函谷關〕
靈寶
老子著書處
東周
老子任官處
鄭
新鄭
子差故鄉
宋
商邱
莊子故鄉
老子退隱處
沛
陳
淮陽
老子故鄉
渦河
潁水
沙河
管子故鄉
潁上
南陽
太公故鄉
楚
0
50
100 公里

五、西出函谷關尹喜迎大聖人

陝州桃林縣南方十二里，有個出入的關卡叫函谷關，周昭王的大夫尹喜，善觀天象，知有大聖人將出關西行，情求調識做該關的令尹，關尹子到差後，立刻召見守關兵卒孫景說：「傳話下去，請你們從今天起時時留意，如果有車服異常形容特殊的人物，從東方西行要求度關的，立刻稟報，不得有誤。」關卒應命。

老子於昭王二十五年（西元前一〇一七年）五月去周返里後，過了幾天，告訴為他駕車的佣人徐甲說：「我想西出函谷關前往西域大秦、罽賓、天竺、安息諸國走走，每天給你百錢，回來後結賬付費，以黃金抵償，你如同意，我們就如此約定，明天起程。」

徐甲應聲同意。

徐甲次日備妥牛車，老子乘車慢慢前進，這時關尹子仰觀天文，見真氣盤空，狀如龍蟠，慢慢接近，心中無限喜悅。

到了七月十二日甲子日，關卒孫景看到有一位高齡老翁，皓首聃耳，坐一輛青牛之車，緩緩到來，急忙入稟。

尹喜聞說「大聖人來矣！」即刻穿上朝服，出迎道旁。

執弟子禮，再拜稽首說道——

曰：「請大聖人暫留神駕，到關中小休。」

老子曰：「我乃貧賤老翁，家住關東，田在關西，今天到關西是看看莊稼，取點燒柴，不知賢關令何事見留？」

尹喜曰：「大聖人當來西遊，豈是出關取柴，我早知神明示眾，不必客氣，務請神駕入關小駐。」

老子曰：「你說的聖人，我早已聽說了，他是古先生，道高德隆，綿綿長存，善入無為之境，他要去西方各國弘法，他的車駕，是要經過貴關，我乃平凡的老人，請你不要認錯人，苦苦見留，好嗎？」

尹喜曰：「今觀長者，聖姿超絶，乃是天上至尊。邊夷之地，何足往觀，請您不要託辭，願您慈悲見憐，賜予教誨。」

老子曰：「據你所言，知吾甚深，請問你根據什麼？有何見聞？能否見告？」

尹喜曰：「自本月之初，和風立至，東方青氣，狀如龍蟠西來，此乃大聖人行止之特徵。因為喜少年愛好三墳連山以及天文秘緯，仰觀俯察未嘗不驗，故知必有聖人度關，因此夙興夜寐，無時不在景慕之中，今天慶幸有緣得遇仙駕，敬請垂憐賜予訓誨，濟度我這個沉淪冥頑之人吧！」

老子數試尹喜，見其態度誠懇，所言真切，確是可度的大仙之才，乃怡然含笑答道——

曰：「善哉！你能知道我，我也了知你的一切了，你有神通之見，當為將來救世之人。」

尹喜聞言，內心無限欣躍，再拜叩頭，問道——

曰：「敢問大聖人姓名，可否示知？」

老子曰：「吾姓字渺渺，歷劫都有，沒法全部告之，方才我說的古先生，即是本人，本人現在姓李，字伯陽，號老聃。」

尹喜便把老子迎入官舍，設座供養，行拜師大禮，做了老子的入室弟子。

關尹子拜師之後，老子把他未來的行止告訴了關尹子。

關尹子叩頭再三說道——

曰：「弟子略通易數，知道人的生死無常，即使貴為帝王，富甲天下，也不過如同早晨的露水，轉眼即行消失，每念及此，不勝惶恐之至，為了天下後世的眾生，可否請求師尊停留關中為我著書，救世救人，並將『無上道法』，賜予弟子，使弟子有脫離苦海之路？」

老子聞言，頷首應允，關尹子內心欣躍無已。

六、老子試徐甲顯道法

這時有一件不愉快的事情發生了，那就是為老子御車的車伕徐甲，具狀向關尹子控告老子！

事情是這樣的——徐甲御車到了函谷關之後，老子想試試徐甲，看看他有沒有超凡入聖的志向及骨格，如果他真有度化的資質，打算連同關尹子一起度脫。

主意打定，告訴徐甲說道——

曰：「我在關中要過些日子才走，你可把我們的青牛牽到野外吃草，你也可以在野外逛逛！」

徐甲牧牛於野，老子以「吉祥草」化為「美女」，與徐相遇，此女對徐甲施以調戲，徐惑于女色，又思老子西出流沙，不知何年能返，更不知能否回返？乃決定與女為伴，留居關中，安家立户，但無錢難以度日，遂具狀控告老子，要求償還已往多年應付聘僱薪水，並要求由官判定，解除僱約。

關尹子看過狀子之後，面色凝重，不敢輕易開言，乃將徐甲訴狀，雙手呈給老子。

老子看了之後，吩咐關尹子把徐甲馬上找來，顧謂徐甲說道——

曰：「徐甲辛苦你了，你追隨我已有兩百餘年了，我應當還你七百二十萬錢，你不能等待出關遊歷回來後，再行結算，你是不是打算從今天起就不幹了？」

徐甲點頭稱是。

老子緩緩說道——

曰：「一切隨緣好了！但有一事，你為何忘記？你多年以前，命已該絕。吾以『太玄生符』投救於你，你才能有了今天的生命，為什麼不念於此，而竟然爽約求去呢？」

徐甲無言以對，呆立老子與關尹子面前，剎那之間，只見有如彈丸之一物，從徐甲口中飛出，直飛而降，落在老子面前，這乃是「太玄生符」，符上篆文如新。

「太玄生符」飛出之後，徐甲立刻化為一堆白骨，倒在地上，狀至悲慘，使人難以卒覩。

關尹子見狀心驚中暗忖——

曰：「可憐的人呀！為什麼違心違約，以致符去復死！」

又忖曰：「師尊必有起死回生之術，何不予以懇求，看看師尊的回骸起死回生，無量度人的妙法。」

言念及此，遂跪地稽首說——

曰：「徐甲僱用薪金，弟子願代償還，請求師尊大發慈悲，哀憐他的無知，赦免其罪，賜予更生，好嗎？」

老子接納關尹子之言，即再以「生符太玄」投入枯骨之中，轉瞬之間，徐甲神凝氣聚活了過來，相貌堂堂，依然如故。

老子向徐甲說道——

曰：「我沒有對不起你，是你負了本約，自斷道源，所以大道離你而去，再遭受死亡之劫！」

言畢，遂把徐甲受僱費用，全部付清，資遣徐甲，使他離去。

徐甲此刻天良發現，色慾之情，全然消除，乃叩伏在地，用手猛打自己雙頰，邊打邊說道——

曰：「今日死後更生，再沐聖慈之恩，使枯骨重見光明，刻骨銘心，今後再不敢懷有二志，請求主人繼續收留，以便護從雲駕，追隨效勞。」

老子說：「我們緣盡，還是彼此分手吧！」言後，遂把徐甲遣去。

七、太上老君傳戒經面授尹喜

徐甲走後，老子便在函谷關中手著道德二經。把什麼是『道』？什麼是『德』？行道立德有什麼好處，失道失德必淪于滅亡之理，一一著述清楚，面授關令尹喜，尹喜受經之後，向老子說道——

尹喜曰：「道德二經博大精深，能否將修持及奉經之法，傳授給弟子？」

老子曰：「善哉！修持奉經，以『守戒』為先，我先傳你戒經，然後傳你「道法」，你可牢牢記載，自修之餘，留傳後世。」

尹喜謝恩侍立，老子先說戒經一卷，經文如后：

老君西遊，將之天竺，以道德二經授關令尹喜。

喜受經畢，又請「持身奉經」之法。

老君於是復授喜要戒，普令一切，咸持度世，於是說頌三章——

㈠樂法以為妻（栖）　愛經如珠玉　持戒制六情　念道遣所欲
淡泊正氣庭　蕭然神靜默　天魔並敬護　世世受大福

㈡鬱鬱國家盛　濟濟經典興　天人同其願　縹渺入大乘
因心立福田　靡靡法輪升　七祖升天堂　我身白日騰

㈢大道調玄虛　有念無不㤈　練質入仙真　遂成金剛體
超度三界難　地獄五苦解　悉歸太上經　靜念稽首禮

於是尹喜聞說頌已，稽首而立，請受「戒言」。

老君曰：「第一戒殺、第二戒盜、第三戒婬、第四戒妄語、第五戒酒。是爲五戒。若清信男、清信女，奉持五戒，畢命不犯。是爲清信男、清信女。

老君曰：「戒殺者——一切衆生含氣以上，翔飛蠕動之類，皆不得殺。
戒盜者——一錢以上，有主無主，非己之物，皆不妄取。
戒婬者——非夫婦，若出家人不妻不娶，若男若女皆不得犯。
戒妄語者—若不聞不見，非心所了，而向人說，皆為妄語。

戒酒者——非身病，非法禮，皆不得飲。」

老君曰：「是五戒者，持身之本，持法之根。善男子、善女人，願樂善法，受持終身不犯，是為清信。得經。得法。永成道真。」

於是尹喜聞受既已。再拜而問，何故有『五戒』？

老君曰：「五——攝一切惡。猶天有五星，以攝萬靈。地有五行，以攝群生。人有五臟，以攝神明。

戒——防也，防其失也，失而不防，則三塗盈逸，天人虛空。是故『五戒』也。」

尹喜曰：「大哉戒乎，何故失耶？」

老君曰：「本得無失，既失而得，亦無所失。」

尹喜曰：「敢問其本？」

老君曰：「今當為爾，具説其本。」

尹喜再拜，恭立而聽。

老君曰：「五戒者——

天地並始，萬物並有，持之者吉，失之者凶。過去成道，莫不由之，故其神二十五也，經文五千，是其義也。」

老君曰：「五戒者——

在天為五緯——歲星、太白星、熒惑星、辰星、鎮星。

天道失戒，則見災降。

在地有五嶽——泰山、衡山、華山、恒山、嵩山。

地道失戒，則百穀不成。

在數為五行——東方木、數三。南方火、數七。西方金、數九。北方水、數一。中央土、數五。

在治為五帝——東方太皥、南方炎帝、西方少皥、北方顓頊、中央黃帝。五帝失戒，則祚夭身亡。

在人為五臟——肝木、心火、肺金、腎水、脾土。

五臟失戒，則性發狂。」

老君曰：「是五者，戒於此（人）而順於彼（理）故——

殺戒者——東方木德存仁。少陽之氣，尚於長養，而人犯殺，則肝受其害。

淫戒者——南方火德禮。太陽之氣，物以之成，而人好淫，則心受其傷。

盜戒者——西方金德義。少陰之氣，男女貞固，而人為盜，則肺受其沴。

酒戒者——北方水德智。太陰之氣，主於閉藏，而人好酒，則腎受其殃。

妄語戒者——中央土德信。而人妄語，則脾受其辱。五德相資，不可虧缺。

老君曰：「此五失一，則命不成。是故不殺者，乃至無有殺心。不盜者，乃至無有邪取。不婬者，乃至無有邪念。不酒者，乃至無有勢力。不妄語者，乃至無有漏泄，如是可謂成也。」

老君曰：「戒中婬、酒，能生五惡。

戒者戒惡　惡世之中　男女讙婬　罹於骨肉
上慢下暴　毀蔑天德　沈酗爭訟　禍命辱身
妄詐欺誑　罔有所由　六親相盜　非但於他
殺害眾生　利養身口　如此等輩　見生受業
永墜諸苦　倍加五惡　無有休限　如有出者
當在邊夷　短命傷殘　夫婦醜惡　及不貞廉
貧窮凍露　在處不安　如有財富　為人所奪
言說不信　人所不親　意慮昏塞　眾所慢輕」

老君曰：「清信男、清信女——

奉持戒行　見世安樂　無有憂惱　眾所恭敬　見者懽喜
常蒙利養　一切歸仰　其智深微　處在清靜　四大完堅

故能修集眾法，以成道真。」

尹喜再拜曰：「敢問受持之法？」

老君曰：「若

男子女人　聞法生信　歸身大道　歸神大道　歸命大道

男子女人　捨世邪法　奉持正戒　盡身盡命　終不毀犯」

尹喜於是讚誦，恭心而受。

老君曰：「若復

男子女人　受正戒已　追求經法　先當受戒　一一堅淨

然後授與　旦暮恭心　不怠時節　月修十直　年用三齋

誦經萬遍　白白登昇　爲人敷說　宣通妙義　大利眾生
乃拔三塗　一切諸苦　以是功德　能斷宿命　無量諸根
得昇上清　無復退墮」

老君曰：「清信男　清信女
在家出家　受持經法　願樂神仙　日夜誦讀　求諸妙義
去諸喧雜　調心制性　柔顏善氣　勸諸男女　遠離五惡
受持五戒　供養三寶　取令成就　不擇甘苦　具持大戒
苦行精懃　布施忍辱　捨身救物　苦復離世　獨往幽栖
專想至寂　眾難不驚　必至無爲

尹喜曰：「奉經有犯乎？」

老子曰：「十有三者也。」

尹喜曰：「何謂也？」

老子曰：「爾諦聽也　十有三者　七情六識　皆由於心　是故
淫貪疾恚　欺盜妄詐　綺言兩甘　諂利持權
溷集破法　非清信也　天網不失　生死無地
如此等人　非有智分　染洿至法　毀廉善根
不為善人　之所知識　備衆生身　種於媱慾
無所憎避　常懷怖畏　若在地獄　五痛無間
如此受身　備諸苦惡　物所懷惡　無有救治
生死輪轉　無聞無見
皆由一念中　生至無數念　其對無窮

太上老君戒經終

八、老子將大道密授尹喜

老子傳授戒經之後，繼以『大道』密授關尹子。

關尹子諦聆之餘，一一紀錄如后：

老子曰：「夫大道守其三品（神、氣、精）為則，以『一』為度（三品合一），以『正』為德，子能知『一』萬事畢，閉塞情欲入奧室，鍊金食炁為第一，子能知之守勿失。」

老子曰：「至真上帝，莫不由金丹而得道，履九幽而入杳冥，上下虛無，因神明而俱昇。」

老子曰：「鍊金食炁之道，天地之精華，陰陽之根本，二氣之謂也。陽龍陰虎，木液金精，二氣交會合而成者，謂之外丹。含和鍊藏，吐故納新，上入泥丸，不注丹田，循環不息，朝于絳宮，採五石以哺百神，此內丹也。含和鍊炁，修道之士，得內丹者可以延年。得外丹者可以昇天。三一九思者，內修之要也。九丹金液者，外丹之極也。合而修之，道成決矣。」

食炁訣曰：

「食炁固精　受明玄經　生道要妙　出幽入冥
上固雲門　下固靈根　知者甚易　行之甚難

形動德散　氣越道叛　精消魂損　目動魄亂
是以聖人　靜形固炁　畜精收視　道德虛凝
魂魄固守　形一神萬　道乃成就
常半夜後　偃臥握固　鼻吸清氣　口徐吐之
復守三一　入室九思　神定氣安　仙道近矣」

老子曰：「三一之道，神仙所重，世莫得聞，子其秘之。兩眉之間，卻入一寸為明堂。二寸為洞房。三寸為泥丸。是為上丹田宮也。中有赤子，字元先，名帝鄉。心中為絳宮，中丹田宮也。中有眞人，字子丹，名光堅。臍卻入三寸為命門，下丹田宮也。中有嬰兒，字元陽名玄谷。以上皆長三寸，同服赤幘、赤衣、赤履，此三一也。（上紫、中赤、下黃狀元。皆如嬰兒之狀也。）」

老子曰：「『下一』座金床玉几，常以金爐玉匕，攬精華以哺『上一』、『中一』，當晝夜存之也（即無觸無傷）。子能長生，三一當明，子能守一，一亦守子，炁變為精，精變為神，神變為嬰兒，嬰兒上為真人，然後為赤子此真一也。」

老子曰：「偽道養形　真道養神　真神通道　能存能亡
神能飛形　並能移山　形為灰土　其何識焉
耳目聲色　為子留愆　鼻口所喜　香味是怨
身為惱本　痛癢寒溫　意為形思　愁毒憂煩
弗疾去之　志氣日耗　壽命日減　其來久矣
子欲學道　先損諸欲　莫令意逸　閑居靜處
精思齋室　丹經萬卷　不如守一　以虛為身
以无為心　兩者同謂　無身之身　無心之心

可謂守神　守神玄通　是謂道同」

老子曰：「所謂道同者，其猶「高山大澤，非欲鳥獸蟲魚，而鳥獸蟲魚自來歸之。非欲飛鳥虎狼，而飛鳥虎狼自來歸之。深淵河海，非欲魚鼈蛟龍，魚鼈蛟龍自來歸之。人能虛空無為，非欲於道，道自歸之。」

老子垂訓及此，便傳授尹喜太陽金真九煉之法，叫做九室存思。

第一無邪思。第二正身思。第三致政思。
第四大正思。第五極正思。第六身正思。
第七正真思。第八洞玄思。第九大洞思。
入此九室（境界）行此九思，即與太陽合形，同臻於道矣。」

尹喜再拜稽首謝過老子傳授玄旨，次日託病辭官，奉邀老子一起回到家中再拜請益。

老子曰：「子欲修身、養性、行道、紀形、結炁、成神，終始無窮者，莫先乎靜。夫靜以為定，神靜以為變，人靜以為生。將靜之時，返聽內觀，心不妄念，口不妄言，形不妄動。無色之色為之見，無聲之聲為之聞，無味之味為之甘，不言之言為之教。神景為之降，福德為之臻，和氣為之應矣。」

老子曰：「子欲靜神，先沐浴齋戒二十五日，然後精鍊己身，魂魄平和，乃可入室，入室之後，或丹蛇來著子身，或王母來降，或道身應現，此身中之神試子耳，但勿驚怖，有問勿對，有所傷犯亦勿為懼，但安心定意，其物自去。

經二十五日、四十五日、六十日、八十五日、一百五日、一百二十五日、一百五十日、一百八十日，並有神來，皆是試子，但安心勿對，不能為害，若生怖懼為試不過，則失道矣戒之戒之。一百八十日後，室內自明，安危存亡之事，無不預知，身中宮府，一一顯見。二百八十日後，眾病皆除。一年之後，瘢痕皆滅。千日之後，形神俱妙，為真人矣。」

老子傳『道』及此，顧謂關尹子曰：「吾將到很遠很遠的地方去了！你今後好好的修道吧！」

尹喜聞言，垂淚問道：「師尊到那裡去？不管師尊入火入淵，入地上天，灰身沒命，弟子願追隨師尊。」

老子曰：「吾逝乎天地之表，戲乎玄冥之間，四維八極，上下無邊，子欲隨吾，豈可得乎？得道的人，目能洞視，耳能洞聽，變化莫測，隱現莫定，尚未能隨吾遠遊，子雖骨相合道，法當成真，然受道日淺，未能通神，安得變化，隨吾聖身。」

尹喜再拜問曰：「通神變化之道，可得聞乎？」

老子曰：「有生之炁，有形之狀，盡幻化也。造化之所始，陰陽之所變者，謂之生，謂之死。窮數達變，因形移易者，謂之化，謂之幻。造物者，其巧妙，其功深，故難窮難終。有形者，其功顯，其功淺，故隨起隨滅！知幻化之不異生死也，始可授與變化之道。子能精修此道，體入自然，斯可與子行化諸國耳。」

尹喜感恩老子的度化，當老子臨行之前，叩問前途。

老子說：「吾將來要去關西的流沙異域，度化各國，吾去後你好好修道，要知生道入腹，則神明皆存，你能除垢止念，靜心守一，千日精齋，鍊形入妙，到那個時候，可前往蜀都青羊肆找我，相會之後，我們可以結伴遊歷。」

尹喜點頭遵命。

老子重復又以「除垢止念，靜心守一」，八字真言再三吩咐尹喜，一心一意，虔誠修煉，言訖。聳身空中，坐雲端之上，面放五明，身現金光，遍照十方，冉冉昇空而去。

尹喜見老子神化莫測，道高法隆，信道修道證道之心，油然沛至，更加堅定不移，不久到了終南之陰，結草為樓（該樓在鳳翔終南山周至縣神龍鄉聞仙里），修煉千日，『大道』成就。

九、老子西昇經

在此期間，尹喜把老子傳授的『道法』，集錄成集。名曰老子西昇經。經文如后：

西昇章第一

老君西昇

聞道竺乾　號古先生　善入無為　不終不始　永存綿綿　是以昇就

道經歷關　關令尹喜　見炁東來　齋待遇賓　為說道德　列以兩篇

告子道要　云道自然　行者能得　聞者能言　知者不言　言者不知
所以言者　以音相聞　是故以談　以言相然　不知道者　以言相煩
不聞不言　不知所由　譬如知音　識音以絃　心知其言　口不能傳
道深微妙　知者不言　識音聲悲　抑音內惟　心令口言　言者不知

道深章第二

老君曰
道深甚奧　虛無之淵　子雖聞道　心不微丹　所以然者何
書不盡言　著經處文　學以相然　子當寶之　內念思維　自然之道
不與子期　喜則稽首再拜　敢問學之奈何

善爲章第三

老君曰
善為書術者　必緩其文　善論達其事者　必通其言
勉而勤之　得道矣　為正無處　正自歸之　不受於邪　邪氣自去
所謂無為　道自然助　不善於祠　鬼神避之　不勞於神　受命無期
無進無退　誰與為謀　為是致是　非自然哉
喜則稽首　今聞命矣

愼行章第四

老君曰
慎而行之　寶而懷之　吾將遠逝　不期自會
尹喜受言誡深　則於關
稱疾棄位　獨處空閑之室　恬淡思道　臻志守一　極虛本無　剖析乙

密　覼縷妙言　內意不出　誦文萬遍　精誠思徹　行真臻身　能通其玄　論無極之原　故能致神仙

道象章第五

老君曰

道象無形端　恍惚亡若存　譬如種木未生　不見枝葉根　合會地水火風　四時炁往緣　炁為生者地　聚合凝稍堅　味異形不等　甘苦辛鹹酸　炁行有多少　強弱果不均　同出異名色　各自生意因　從是異性行　而有受形身　含養陰陽道　隨依以為親　生道非一類　一切人非一　本出於虛無　感激生精神　譬如起音者　掇絃手動傳　宮商角徵羽　口氣呼吸元　身口意為本　道出上首元　本靜在虛靜　故曰道自然　五音所動搖　遂與樂色連　散陽以為明　布炁成六根　從是有生死

道遂散布分　去本以就末　散樸以澆淳　道變示非常　欲使歸其真

道生章第六

老君曰

告子生道本　示子之自然　至於萬物生　情行相結連
如壞復成　如滅復生　以成五行　陰與陽并　輾轉變化　遂為物精
吾思是道　本出窈冥　愚不別知　自謂適生　子無道眼　安知生靈
天地人物　虛無囊盈　一從無生　同出異名　是亦本非　在所用正
所字非字　乃知其識　當與明義　勿與愚爭　子取正教　勿信邪聽
何以知邪　子為物傾　何以知愚　不察言情　為道問道　為經問經
問不本末　知愚冥冥　但知求福　不知罪嬰　但知養身　不知戮形
嬰兒之姿　貴養厚敦　忽無就形　知非常生　無履大白　可令永存

有何妙意　乃欲相傾　父子恩深　不足相聽　忽復噭嘅　遠近笑人
掩惡揚善　君子所宗

邪正章第七

老君曰

邪正教言　悉應自然　故有凶吉　應行種根　如有所受　種核見分
道別於是　言有偽真　偽道養形　真道養神　真神通道　能存能亡
神能飛形　並能移山　形為灰土　其何識焉　耳目聲色　為子留愆
鼻口所喜　香味是怨　身為惱本　痛癢寒溫　意為形思　愁毒憂惱
吾拘於身　知為大患　觀古視今　誰存形完　吾尚白首　衰老誰年
吾本棄俗　厭離世間　抱元守一　過度神仙　子未能守　但坐榮官
子能不動　神靈得安　子能捐欲　舉事能全　子能無為　知子志堅

今為子說　露見敷陳　散解剖判　真偽別分　子當諦受　重道殷勤
道為明出　經為學先　授與能行　不擇富貧　教化與樂　非有疎親
取其能行　文與其人　學爾教爾　不失道真

天地章第八

老君曰
天地與人物　本皆道之元　俱出於太素　虛無之始端　彷彿之精光
微妙之上玄　譬如萬里坑　下有淡流泉　視之甚濁微　徹見底沙難
窈窈而冥冥　不知所由然　亦如終逝者　不見其靈魂　淳陰共和合
陽不能顯分　過往與甫來　視譬如見前　尚不能了理　安能知存亡
譬如瘖瘂者　不能傳人言　為聾彈宮商　其人豈能聞　才辯有其智
受教如語傳　自謂通道情　情衷不能丹　是故失生本　焉能知道元

行道章第九

老君曰

子若行吾道　當知上慧原　智亦不獨生　皆須對因緣　各有行宿本
命祿之所關　同道道得之　同德有德根　宿世不問學　今復與世鄰
是以故得失　不樂於道文　貪欲利榮寵　受施念恩勤　更以財相厚
不衰下窶貧　必復多瞋恚　無所處定原　學不得明師　焉能解疑難
吾道如毫毛　誰當能明分　上世始以來　所更如沙塵　動則有載劫
自惟甚苦難　吾學無所學　乃能明自然　華要歸其實　莖葉如本根
為道歸祖首　以知元始端　子當無相啓　勿以有相關

重告章第十

老君曰

吾重告子　子當諦受

道以無為上　德以仁為主　禮以義為謙　施以恩為友　惠以利為先
信以傚為首　偽世亦有之　雖有以相誘　是以知世薄　華飾以相拊
言處飛龍前　行在跛鼈後　仁義禮信廢　道德荒亡腐　不以道相稽
反以財為輔　譬如鏡中影　可見不可取　言如響中應　風聲豈可緒
偽世教如此　如是迷來久　天下之人物　誰獨為常主　迷迷以相傳
輾轉相受與　邪偽來入真　虛無象如有　自偽不別真　為貪利往守
非常正復亡　癡盲持自咎　如木自出火　還復自燒腐

聖辭章第十一

老君曰

聖人之辭云　道當以法觀　如有所生者　故曰為自然
眼見心為動　口則為心言　鼻為通風氣　鼻口風氣門
喘息為宅命　身壽立息端　譬如穀草木　四氣時往緣
氣別生者死　增減羸病動　以是生死有　不如無為安
無為無所行　何緣有咎愆　子不貪身形　不與有為怨
五行不相剋　萬物悉可全　萬物無有常　成者不久完
三光無明冥　天地常照然

觀諸章第十二

老君曰

觀諸次為道　存神於思想　道氣與三光　念身中所治　彷彿象夢寤
神明忽往來　淡泊志無為　念思有想意　自謂定無欲　不知持念異

或氣尚麤盛　自知尚多事　事興則形動　動則外通謀　謀思危之首
危者將不久　不久將欲衰　衰者將不壽　以身觀聲名　物事難可聚
以名聲稱號　必為是所誘　皆坐於貪欲　貪欲為殃咎　貪者為大病
習貪來已久　合貪微漸漬　非鍼艾可愈　還身意所欲　清靜而自守
大聖之所行　不慕人所主　有常可使無　無常可使有

經誡章第十三

老君曰

經誡所言　法義所推　赫赫興盛　不如妙微　實不如虛　數不如希
茂多卒夭　疾不如遲　興者必廢　盛者必衰　聖人絕智　而為無為
言無所言　行無所施　孰能如此　偶不如奇　多不如寡　孰賢難隨
孰仁難可　其義少依　能知無知　道之樞機　空滅成無　何用飛仙

大道曠蕩　無不制圍　若能明之　是所反非　經言審諦　孰知能追

深妙章第十四

老君曰

道言深妙　經誡乙密　天地物類　生皆從一　子能明之　為知虛實

子若不照　顯之不別　子志於有　無為所疾　為有所嬰　億載無畢

道言微深　子未能別　撮取於略　誠慎勿失　先損諸欲　勿令意逸

閑居靜處　精思齋室　丹書萬卷　不如守一　經非不達　終有虛實

言有必無　子未能別　言無必有　子未能決　但當按行　次來次滅

道有真偽　福有凶吉　罪有公私　明有纖密　占往知來　不如樸實

虛無章第十五

老君曰
虛無生自然　自然生道　道生一　一生萬物　萬物抱一而成　得微妙氣化　人有長久之寶　不能守也　而欲益尊榮者　是謂去本　生天地之道也

恍惚章第十六

老君曰
虛無恍惚道之根　萬物共本道之元　在已不忘我默焉

生置章第十七

老君曰

生我於虛　置我於無　生我者神　殺我者心　夫心意者　我之所患也　我即無心　我何知乎　念我未生時　無有身也　直以積氣聚血　成我身耳　我身乃神之車也　神之舍也　神之主人也　主人安靜　神即居之　躁動神即去之　是以聖人無常心者　欲歸初始　返未生也　人未生時　豈有身乎　無身當何憂乎　當何欲哉　故外其身　存其神者　精耀留也　道德一合　與道通也

爲章章第十八

老君曰

古之為道者　莫不由自然　故其道　常然矣　強然之　即不然矣　夫何故哉　以其有思念　故與道反矣　是以槖籥之器　在其用者　虛實有無　方圓大小　長短廣狹　聽人所為　不與人爭　善人在於天下

譬如橐籥乎　非與萬物交爭　其德常歸焉　以其虛空　無欲故也　欲者凶害之根　無者天地之原　莫知其根　莫知其原

色身章第十九

老君曰

聖人者　去欲而入無　以輔其身也　是以善吾道者　即一物中　知天盡神　致命　造玄　學之徇異名　析同實　得之契同實　忘異名　人皆以聲色滋味為上樂　不知聲色滋味禍亡太樸　故聖人不欲　以歸無欲也

道虛章第二十

老君曰

道者　虛無之物　若虛而實　無而為有也　天者　受一氣蕩蕩而致清氣下化生於萬物　而形各異焉　是以聖人　知道德混沌玄同也　亦知天地清靜皆守一也　故與天地同心而無知　與道同身而無體　而後天道　盛矣　以制志意而還思慮者也　去而不可逐　留而不可遣　遠者出於無極之外　不能窮也　近在於己　人不見之　是以君子　終日不視不聽　不言不食　內知而抱玄　夫欲視亦無所見　欲聽亦無所聞欲言亦無所道　欲食亦無所味　淡泊寂哉　不可得而味也　復歸於無物　若常能清靜無為　氣自復也　返於未生　而無身也　無為養身形骸全也　天地充實　長保年也

哀人章第二十一

老君曰
人　哀人不如哀身　哀身不如愛神　愛神不如含神　含神不如守身
守身長久長存也

神生章第二十二

老君曰
神生形　形成神　形不得神　不能自生　神不得形　不能自成　形神
合同　更相生　更相成　神常愛人　人不愛神　故絕聖棄智　歸無知
也

常安章第二十三

老君曰

聖人常安　與天地俱安　而鬼神通　眾人皆安其所不安　即不安矣　蓋天道　減盈滿　補虛空　毀強盛　益衰弱　損思慮　歸童蒙　塞邪智　聖人之樸也　是以天下尙存　可謂養母　常能愛母　身乃久長

身心章第二十四

老君曰

身之虛也　而萬物至　心之無也　而和氣歸　故善養身者　藏身於身而不出也　藏人於人而不見也　故君子之治　必先死於國　既死不亡其國盛也　民不敢散　更復充也　若能知常　施行反也　眾人歡樂用生生也　動而失之　壽命竭也　夫天下大物哉　甚綿綿也　冥冥混混　不可知也　知者去之　欲者離之　近者遠之　是以聖人　非託

於天下　亦非託於鬼神　亦非託於萬物　常以虛為身　亦以無為心
此兩者　同謂無身之身　無心之心　可謂守神　守神玄通　是謂道同

無思章第二十五

老君曰

智士無思　無慮之變　常空虛　無為　恬靜　修其形體　而萬物育焉
變者貪天下之珍　以快其情　然後兵革四起　禍生於內　國動亂者
而民疲勞也　夫國以民為本　民勞去者　國立廢矣　所謂出其無極
之寶　入賊利斧戟也　是以聖人　無為無事　欲安其國民也　故曰：
「子能知一萬事畢　無心德留　而鬼神伏矣。」

我命章第二十六

老君曰

我命在我　不屬天地　我　不視　不聽　不知　神不出身　與道同久

吾與天地　分一氣而治　自守根本也　非效眾人行善　非行仁義　非行忠信　非行恭敬　非行愛欲　萬物即利來　常淡泊無為　大道歸也　故神人無光　聖人無名

兵者章第二十七

老君曰

夫兵者　天下之大凶事也　非國之寶　寶之者而不用也　用之者　動有亡國失民之患也　是以聖人　懷微妙　抱樸質　而不敢有為　與天下交爭焉　雖有猛獸　不能擄也　雖有蜂蠆蟲蛇　不能螫也　雖有兵刃　不能害也　以其積德玄通故也　是以天下莫能害焉

柔弱章第二十八

老君曰

天下柔弱　莫過於一氣　氣莫柔弱於道　道之所以柔弱者　包裹天地　貫穿萬物　夫柔之生剛　弱之生強　而天下莫能知　其根本所從生者乎　是故有以無為母　無以虛為母　虛以道為母　自然者　道之根本也

民之章第二十九

老君曰

民之所以輕命早終者　民自令之爾　非天地毀　鬼神害　以其有知以其形動故也　是故無有生有　無形生形　何況於成事而敗之乎　人

欲長久　斷情去欲　心意以索命　為反歸之　形神合同　固能長久

天下章第三十

老君曰

人雖在天下　令意莫在天下　人雖在國　令意莫在國　人雖在鄉　令意莫在鄉　人雖在家　令意莫在家　神雖在身　令神莫在身　是謂道人

意微章第三十一

老君曰

患生不意　禍生絲微　善生於惡　利生於害　大生於小　難生於易

高生於下　遠生於近　外生於內　貴生於賤　動生於安　盛生於衰
陰生於陽　是故有無之相生　虛實之相成　是以有歸有　無歸無也

在道章第三十二

老君曰

人在道中　道在人中　魚在水中　水在魚中　道去人死　水乾魚終
故聖人自知　反歸未生　捐棄憍奢　絕除憂思　是故形隱神留　天下
歸焉　無為無事　國實民富　保道畜常　是謂玄同

有國章第三十三

老君曰

有國者　其根深也　天地覆載　萬物畜養　金玉重寶　不積留也　夫外天地者　有天地　外其身者　而壽命存也　是以君子　善人之所不善　喜人之所不喜　樂人之所不樂　為人之所不為　信人之所不信行人之所不行　是以道德備矣

皆有章第三十四

老君曰

道非獨在我　萬物皆有之　萬物不自知　道自居之　眾人皆得神而生不自知神自生也　君有德於百姓　百姓不自知受君之德也　是故聖人藏神於內　魄不出也　守其母　其子全　而民熾盛　保其國也　玄虛積充　壽命長也　人能徒知天地萬物　而不自知其所由生　反命歸本　是大不知也

治身章第三十五

老君曰

治身之道　先隱天地　靜居萬物之始　夫聖人　通玄元　混氣思　以守其身　俗人情愛貪欲　以守其身　此兩者　同有物而守其身　其道德各異焉

道德章第三十六

老君曰

道德天地　水火萬物　高山深淵　各有所歸之　夫道非欲於虛　虛自歸之　德非欲於神　神自歸之　天非欲於清　清自歸之　地非欲於濁　濁自歸之　濕非欲於水　水自歸之　燥非欲於火　火自歸之　萬物

非欲見其形　形自見之　高山大澤　非欲飛鳥虎狼　飛鳥虎狼　自來歸之　深淵河海　非欲魚鼈蛟龍　魚鼈蛟龍　自來歸之　人能虛空無為　非欲於道　道自歸之　由此觀之　物性豈非自然哉

善惡章第三十七

老君曰

百姓行善者　我不知也　行惡者　我不知也　行忠信者　我不知也　是以積善善氣至　積惡惡氣至　是故聖人言　我懷天下之始　復守天下之母　而萬物益宗　以活其身　吾意常不知　安能知彼行善惡焉　積善神明輔成　天道猶祐於善人

寂意章第三十八

老君曰　吾道淡泊寂　意死者　生靜而復命也　生生積浸潤　滋酉留滯　玄冒沾洽　元氣包之　其根蓋深　乃四固　中無心　故能致萬物精華　無極之物　自然來歸之　以其空虛無欲故也

戒示章第三十九

老君曰　喜　吾重告爾　古先生者　吾之身也　今將返神　還乎無名　絶身滅有　綿綿長存　吾今逝矣　亦返一原　忽焉不見　斯須　館舍光炎五色玄黃　喜出中庭　叩頭曰　願神人復一見　授以一要　得以守元　即仰覩　都懸身坐空中　去地數十丈　其狀金人　存亡恍惚　老少無常　曰　吾重誡爾　爾其守焉　除垢止念　靜心守一　衆垢除

萬事畢　吾道之要誠也　竟復隱　喜不知所之　泣涕追慕　退官託疾

棄念守一　萬事畢矣

西昇經　全卷終

這部西昇經是老子傳『道』關尹子記事弘道之作，此經內載，純係修真心法，凡「超凡入聖」之法訣，均指授無遺，平實簡要，毫無其他丹經術語，將『大道』輪廓及內蘊精華，一一和盤托出，可作昇仙入聖之寶藏，亦可作為有志步入三清聖境者最簡要之指標。

十、老子青羊肆顯聖靈

老子在民前二九三八年甲寅年（周昭王廿六年）與尹喜分別，昇天之後，次年乙卯年（周昭王廿七年），老子從太微宮分身降生蜀地李太官之家，太官世積功德，昇聞於天，老子降生之初，先勅青帝之青龍，化生為羊，色如青金，毛體光華，常翫玩在嬰兒之側，與兒為伴。一日，忽然青羊走失，兒啼不止，太官遣守羊童子入市肆間尋覓，適遇尹喜，經詢所以，童子備言其故，尹喜忽然感悟，暗忖：「聖師之約，其在是耶？」便告童子曰：「請小哥速回去，告訴你家主人新生嬰兒，就說尹喜來了，嬰兒就不會啼哭了！」

童子入曰，嬰兒聞言，立刻振衣而起，開口說話，言道：「令尹喜前來！」

童子及李府之人聞言見狀，無限驚愕，不一會兒尹喜至前，煢見李府庭宇，忽然高廣，湧出蓮花寶座，嬰兒忽然化作數丈的白金之身，光明如日，頂有圓光，頭戴七耀之冠，身穿晨精之服，外加九色綺羅之帔，坐於蓮花臺子，巍巍莊嚴，原來是老子的法身。家人彼此相視，驚惶失措，不知所以。

這時蓮花台上的老子開口說道——

曰：「請大家不必驚恐，吾太微是也，真一為身，太和降精，耀魄為人，主客相因，沒有什麼奇怪之處呀！」

李府上下，共二百餘人，奉道有修，歷有年所，聽了之後慰喜在心，恭立左右，不敢出聲，靜觀其變。

尹喜目視老子復現聖容，匍匐歔欷悲啼踴躍，喜慰無量稽首説道——

曰：「違別至今，復見天顏，未知慈尊，出無入有，起居安否？」

老子從容告曰——

曰：「與子別後，何得何喪？汝存道守一，亦有益乎？」

尹喜稽首答道——

曰：「回稟　師尊，自奉秘要，親得其妙，恩濟祖先（道成超七玄，拔九祖），咸受無量之慶。」

老子含笑説道——

曰：「好！好！吾所以使你千日修鍊的原因，因為你在塵世，深染恩愛，初受經訣，未克成功，所以在此等候於你，如今你保形鍊氣，三年功畢已造其妙，看你心結紫絡，面有神光，金名表於玄圃，玉札保於紫房，炁參太微，解形合真矣！真是可喜可賀！」

尹喜再拜稽首謝曰——

曰：「聖師德重天地，恩過父母，天地能覆載喜，不能令喜得道，父母能生育喜，不能令喜長存。」

老子曰：「這事與我無關，乃是你至誠向道玄，除垢守一所致。」

說罷，即令召三界眾真，時諸天地君，十方神王，乃諸仙眾，焂忽之間，浮空而至，各執香花，稽首聽命。老子勅令五老上帝，四極監真，授喜玉册金文，賜以文始先生之號，並賜以紫芙蓉羽衣，丹屬綠袖，交帶霓裳，九色之節，及金童玉女各五十人，居二十四天王之上，統領八萬仙士，位為無上真人。

尹喜拜伏于地叩首再三稟道——

曰：「凡夫孺子，得遇大聖，使枯骨再肉，已是千生慶幸，今後如果能追隨　師尊，作灑掃僕御之事，喜之願也，喜之榮也。今日賜封，位號崇高，禮文優渥，自問何德何能，實不敢承受，敬請師尊收回成命。」

老子正色說道——

曰：「子慕道積久，隱隱昇聞，修鍊勤勞，立功已遂，理當受封，這不是為　師的私心對你，子其勉之。」

尹喜真人，固辭不獲，乃再拜受命。自此之後，方得飛鴻虛空，參侍聖駕，遊行八方。老子安排好了對尹喜真人的封賜之後，即時為太官聖母說元陽經，並集合李府家人聽講，其家老幼二百餘人，本已修道多年，聞經之後，即時拔宅昇天。

十一、老子・尹喜遊觀八紘之外

老子於李府家人昇舉之後，謂尹喜真人曰：「你不是久欲隨我遠遊嗎？今你大道已成，可以遊觀八紘之外了！」說罷，乃吐「八方隱文」授之，尹喜奉受之後，即召致「八景雲輿」，老子乘輿，駕「五色神龍」，建「流霄黃天丹節」，蔭「九光鶴蓋前導」，「十二衛官」，「神丁執麾」，後有「九萬飛仙」，驂控飈輪，師子啓途，鳳凰翼軒，策空東遊，尹喜真人與四大天王侍從於後。不多時間——

○至日窟常暘之山，掇「扶桑之丹椹」，散「若木之朱華」，觀碧海，挹東井，到了鬱池宮，這時候暘谷的神王，東海的青童仙眾，陳列「朱實丹椹」，「金津碧酒」，熱誠接待。

○又登祖山，觀芝田，採養神草，息蓬萊宮。復南遊風山，登青丘，過紫府，這時太元夫人、紫府先生獻「九光甘液」、乃「白文玉英」、「青林白子」。這個風山，又名蕭丘，盛產「九光之英」，「大浣布匹」，景緻奇佳。

○嗣登長離山，越赤峰，入太丹宮，南極夫人設「瓊花玉酒」，「赤靈火棗」，招待一切。

○至絳山，觀流火之鄉，息朱陵之闕，太和玉真華蓋上公，以「炎岡朱髓」，「飛丹紫桃」，「雲浪之液」，呈獻奉養。

○西遊魚臺，入七寶園，觀飛玄紫文，過流精闕，九靈金母太素元君，進「玉文之棗」，其實如瓶，命侍女陳「返魂靈香」，「玄光碧桃」，「金紫交棗」。

○次經弱山，登鳳山，挹玉池，息崑吾山，白帝天君採「七名石芝」，「流精玉膏」，「金光丹醴」以進。

○北遊崆峒山，過洞陰宮，北極真公獻「千結神草」，「玄雲李」，「空洞瓜」（其瓜四劫一熟）。

○登玄丘，觀朔陰八煉池，息廣塞墟，太玄仙伯奉獻「絳樹丹寶」，「三玄紫捺」。

〇復登中嶽崑崙山，遊玄圃瑤臺，入閬風觀七寶瓊林，聆「九苞鳴鳳」，盼「日月星辰交輝」，下覽「四天下」，如指掌之上，有「金臺玉樓」，「七寶宮殿」，「晝夜光明」，此天帝神王之下遊處也。此處一面有二百四十門，有珠玉七寶之林，紫華丹實，碧葉瑤英，琴瑟相和，皆應律呂，自然天廚，出入任意，天伎雅絕，實宇內清都，神真之盛觀也。此處為太玄九室真人所居。

〇尹喜真人初受「童真之任」，隨侍老聖遊此宛利天下，五嶽名山，洞天宮觀，及四海江河，洞源水府，各處主者，或稱聖帝，或稱真王，或公或侯，相與晤談。而論及二儀三景，陰陽氣候。劫運賒促，及帝王命錄。安危興廢，兆民禪福。並學道進仙階段，升降黜陟之事。及調和炁序，抑消陽九百六災會之法；或問道德宗源希夷之旨，老聖皆如所請，一一解答，但信辭隱奧，不可測識。

○以上各處遊罷，老聖顧謂尹喜真人曰：「吾將與你上朝玉宸，遊歷帝鄉。」作是語時，靈音八會，雲炁四合，冉冉昇虛，遂遍歷九天，諸天帝君，皆來迎老聖，老聖入其宮宇，設「瓊英玉實」，「月液雲漿」，「靈芝仙果」，「光華映席」，天樂繁會，靈唱妙絕，諸天帝真禮拜請問「自然無上　玄妙真　帝一之道」，老聖一一闡釋。

○這時上元大有仙公、中元太極仙公、下元太清仙伯，乘「碧霞黃素雲輿」，駕「蒼虬麒麟師子」，張「交輝流霞」「鸞鳳飛鶴」之蓋，仗「日精命真之旆」，「月華命魔之節」，「星光命仙之旗」，「侍從」「神仙」「靈官」十五萬眾，各持「香花浮空」而至，稽首拜迎。

○老聖上昇上清日闕丹城蘂珠宮，老聖乃命尹喜真人朝拜高上玉宸大道君。靈寶天尊玉宸大道君見尹喜來朝，點頭嘉許，即賜「環剛丹果」，「

隱伏龍芝」，「珠英玉醴」，尹真人拜謝之後，乃隨老聖下降於秦州天水之啓靈山。

十二、西域弘道化渡罽賓國

老子偕無上真人尹喜，前往西域各國弘道，初到罽賓國，暫住於近郊山谷之中，該國之王，名煩陀力士，其前生曾為東極一個古老的國家名叫清和國國王，當時每遇老君弘化經歷，即遙拜發願說：「惟願慈尊，濟度弟子，於當來世，常與弟子為師，與當來世，得為高真！」清和國王，奉道清修，死後生天，做了妙梵天王，其後天福享盡，降生人世，尚以餘福，做了現在的一個羌胡小國之主，無奈既生人間，忘其宿命，殺害無度，頻出狩獵，以殘殺生靈為樂，使老子慈悲不忍，決定此次前來西域，先把他渡化。

這一天，王又出獵至山，突見五色光宸，上貫紅日，山林鬱秀，大異往常，山間尋找，在祥光之下，得遇老子。

王見老子，白髮蒼蒼，神采煥發，下馬問道：「公是何人？」

老子應道：「吾是修道之士。」

王　曰：「道是何物？為我解說。」

老子曰：「道者元宸虛無，混沌自然，無表無裏，無有高下，天地從之而生，萬物資之而形，不得而名，強名曰道。」

王　曰：「自建國以來，不聞有此之事，公從何處來，為何居住此處？」

老子見王頑獷難化，不達謙遜禮儀，乃直言告說——

曰：「吾是萬氣之靈根。神仙之道元。在天為眾聖所尊。在地為萬國師尊。天上天下，皆　吾百官。回神無極，造化方圓。分布日月，星宿虛玄。步天量地，制作經文。天地萬物，係命道君。有形之類，皆從道生。　吾生於無形，長於無名，降為帝師，隨世教化，如今是從東方的周朝國土到此！」

王　曰：「不知你在周朝國土，以何法教人？」

老子曰：「　吾在中華，常以道法開化。」

王　曰：「何謂道法？」

老子曰：「道法者，乃太上靈寶，生於天地之先，大無不包，小無不納。天不得此，無以表現。神不得此，無以入冥。人不得此，無以耀明。地不得此，無以生成。是以萬物芸芸，以道為根。蛇得之為龍。禽得之為鳳。獸得之為麟。凡人得之為仙。人能修之，逍遙太空，改易五內，變化形容，役使鬼神，隱顯無常，此乃上仙之道也。」

王曰：「所說靈寶者，固為希有，然我智力淺薄，不任此事，不知今於我國，宜以何法設教？」

老子曰：「觀王風俗，人懷悖戾，更相殺戮，虐及含靈，邪淫貪慾，日造惡業，自取沉淪，王欲生得全壽，死無殃考，宜修浮屠之法。」

王　曰：「其法為何？」

老子曰：「先去人我，止烹殺，眾生蠢蠢，皆受形命，王今好獵，殺害無度，天道好生，甚惡殺傷，王欲保壽，請勿殺獵！」

王艴變色，說道——

曰：「異哉！是欲亂我風俗，疾我遊獵，禁我殺生，要知我自有國以來，代代弋獵，公有所須，當為供給，亂我國人，使之失業！」

說罷，率同侍衛，馳返王宮。

過了幾天，又來打獵，復遇老子，王下馬詢問——

曰：「殺有何罪，乃禁我獵，身死空無，將何受報？」

老子靜坐安閑，良久答道——

曰：「王之好獵，不問四時，不避胎養，是為逆天暴物，法當滅祿奪算，天有司殺之神，紀人過惡，一朝命終，地司追其魂神，禁繫考掠，永淪罪獄！」

王　曰：「未知殺外更有何罪？」

老子曰：「殺罪至重，積冤成業，五道四生，緣對不絕，如嬌恣暴逆，耽酒淫色，貪婪欺罔，信用妖巫，亦皆有罪，死入地獄，魂神受苦，王欲改過，信奉浮屠，生則富貴康寧，死則魂魄不拘，喜悅無量，不亦善乎？」

王聞老子之言，滿心歡喜，說道：「請公為我分別說之。」

老子曰：「浮屠者，削去鬚髮，著壞色衣，偏袒徒行，以制其形。持戒止惡，中食悔過，常習止觀，以檢其心。能修之者，上可全身保國，下可免難苦趣矣。」

王　曰：「善則善矣，但我智識淺劣，積習既久，未能持戒止觀，又不能惡衣徒行，然軍國事重，猶希福祐，請且修中食，漸少殺獵，以化國人可乎？」

老子曰：「可。」

王　曰：「未解其方，請公教導。」

老子此次前來，欲化其國，令悉信向，乃向王說道——

曰：「今願為王設中食，請率同群臣眾庶，前來聚餐，以觀法度。」

王曰：「公縱神聖，安能供給吾國之眾？」

老子曰：「願王枉駕，率眾俱來，勿以為慮。」

王應允返駕，通知大眾，次日聚會。

老子散五雲於五方山谷，各隨其色，化為宮殿，陳說帷帳，飛仙無數悉為供使，天廚飲食不可稱數，王密遣人觀之，方大驚異，隨舉國俱來。聚會七日期滿歡散，以種種珍寶，綵繒賜王，遍及來者臣庶，皆大歡喜。

王啓老子曰：「我等已見儀法，但來而不往非禮也，欲設席回請，願率徒眾皆來。」

老子曰：「吾眾頗多，恐王不能供給？」

王聞言驚呀，說道——

曰：「我乃大國，無所不有，何以不能供給，請剋期而會。」

老子應諾，向尹喜真人說道——

曰：「胡性堅強，心猶未服，可因此會，方便化之。」

尹喜真人聞示，乃勅海內群仙，來者相續於途，月餘不絕，王倉庫將竭，齋未及半，乃生悔心。

王召群臣共謀良策——

曰：「道士徒眾，何乃眾多，予回請他們，本祈益國，今乃傾我倉庫，恐是鄰敵姦謀，來害我國。如或不然，必是鬼魅，若不早圖，恐將遭受大害，汝等急宜焚殺，以全我國。」

群胡奉了王命，積薪外郊，一聲令下，火焰沖天，並將兵士團團包圍，將老子及隨侍仙眾，驅逼入火。老子與諸仙，怡然自得，毫無畏懼之態，一一走入火中，隨煙出沒，身體更加精明。

群胡見火不能焚，又將老子徒眾，沉之深淵，老子及尹真人入水之後，凌波越流，身放光明，絲毫無損。群胡又見水不能溺，改燒大鑊，中置油漿，令煎煮之，老子及尹喜真人欣然入沸湯之中，談笑自若。

胡王見狀大驚知不可殺，然殺機已動恥不能敵，乃遣使急告鄰國──曰：「有一妖魅，或老或少，變化無常，處吾國山谷中，我投之水火，皆不能殺，恐更興妖，害及諸國，請速興兵，共同誅戮！」

旬月之間，胡兵並集，圍困老子，彎弓按劍，四面殺來！于時老子宴處圍中，怡然不恤不怒，俄傾之際，風雷四合，天地震動，胡兵矢石，皆自反中，戈予摧落，金革無聲，胡兵驚懼，一時奔潰。

胡王見狀，戰慄之中，調集群胡──曰：「今觀老翁，安知非大聖人到來，如今戰他不過，意欲投降，加以侍奉，未知眾意如何？」

群胡對曰：「大王既已燒沉煮射，皆不能傷，必是聖人無疑，如果聖人動怒，將滅吾國，請王早作決定。」

胡王點頭示可，自縛至老子之前，五體投地，叩頭千百，乞求哀宥。

老子欲堅其信，向胡王心語——

曰：「吾是太上老君所化之身，太上老君坐乎無極之先，經歷塵沙劫運，度人無量，為三十六天之尊，統領三界，制御萬靈，報應罪福，莫不由吾，吾，哀汝造罪，故來行化，汝持貴驕，不能遵依，邀我會餐，反加折辱，汝積惡終身，萬悔何及，諸天神兵，將滅汝國，絕汝種類！」

老子語未竟，胡王等眾，皆見天丁力士，神王甲卒，不可勝計，乘龍跨虎，俱在空中，怒聲震地！

王及臣庶，此時驚怖哀號，叩頭出血，跪伏謝罪，喃喃禀道——

曰：「我生邊界，受性狂愚，不信道法，凌辱天尊，伏量此過，萬死尚輕，一國同誅，不足償責，惟乞赦罪，重賜全活，至死不悔，舉國奉身，不敢終怠！」

老子曰：「且止且止，雖叩頭洫血，猶未可保，恐汝後反悔有何憑信？」

王　曰：「若天尊大聖，見赦我罪，與我更始，願以舉世男女，一世不婚不娶，削剃鬚髮，以奉教法，若違誓約，當身死為證！」

老子曰：「可矣！今汝誓重，諒可憫也，然汝兇惡日久，甚不足恤，吾滅汝國土，令入地萬丈，化為微塵，猶彈指耳，不足為難！但吾好生，故赦免汝，當一一持　吾戒，不得反悔！」

王拜謝曰：「敬奉慈命。」

傾俄神兵蹷景，天地清寧，老子乃誡胡王——曰：「令赦汝罪，汝宜奉浮屠法，永世受福，常生人道。」

王及群胡，莫不歡喜，頭面著地，合掌禮謝。老子於是注慈惠光，降照王身。

王忽追省前因，悔悟悲泣，涕淚俱下，再拜叩首——曰：「我從無量劫來，惡根未滅，雖得超生，旋又墮落，頭出頭入，如汲井輪，不遇天尊，大慈仁者，憫念宿緣，特賜救拔，終淪惡道，無有出期，今願棄國入山，以奉大戒，為國人謝罪祈福，終希度世，永離輪迴。」

老子曰：「善！汝欲居山學道，妻子群臣，任其去留，留者令奉『五戒十善』，隨入山者，則奉『六戒』。」

王　曰：「唯唯，是誠所願。」

老子曰：「汝審欲聞法者，可清潔修齋，然後同來，當授汝法。」

王禮謝而退，即捨王位，傳授其子，乃率國中臣民男女發善心者，一萬二千五百人，按時到來，稽首長跪，靜待訓誨。

此時尹喜真人，適赴天帝中食而還，項圖圓光，足履蓮花，從空而降，諸仙童玉女，亦隨而至，老子指尹喜真人示胡王曰：「此乃　吾之弟子，名無上真人，命為汝師。」

尹喜真人乃命王與同來之人，先懺悔「三業六根」，自無始以來，所造陰罪陽過，「十惡五逆」，信仰邪見外道，一切罪犯，以至積世父母眷屬所造諸業，悉皆懺悔，諸人懺悔已畢。

又令各攝念靜神諦聽老子法旨，老子即時傳授「五戒十善」——

五戒者：一、不殺生。
二、不飲酒。
三、不偷盜。
四、不邪淫。
五、不妄語。
能持此五戒，則有戒神呵護。

十善者：一曰孝。二曰忠。三曰慈。四曰忍。五曰施惠。六曰精勤。七曰供養。八曰信向。九曰勸化。十曰靜定。能行此十善者，當有十天善神衛之。

老子傳授已畢，復為王說道——

曰：「十戒、十八戒、二十四戒、二百五十戒、女人五百戒。

又令一歲中之正月、五月、九月，謂之三長月齋。

又令每月六齋——初一、初八、十五、二十八、二十九日謂之四天王齋。」

「又令每月十直齋——

初一日　念無量太華天尊，免火車地獄之苦。

初八日　念玄上玉宸天尊，免冥冷地獄之苦。

十四日　念度仙上聖天尊，免鐵鑊湯池地獄之苦。

十五日　念玉寶皇上天尊，免風雷地獄之苦。

十八日　念好生慶命天尊，免銅柱地獄之苦。

二十三日　念玄真萬福天尊，免火翳地獄之苦。

二十四日　念太靈虛皇天尊，免屠割地獄之苦。

二十八日　念大妙至極天尊，免金剛地獄之苦。

二十九日　念真皇洞神天尊，免普掠地獄之苦。

三十日　念玉虛明皇天尊，免三界冤報之苦。

上述各日，十方諸天下降，觀人善惡，常『素食誦經』，可免「九獄之苦」及「三果冤報」之罪，不能『齋』者，准許食用動物已死之肉。

老子傳戒畢，向四眾說道——

曰：「王今已得受度，我將行化諸國，遠離貴處，你們好好修持吧！」

王聞言，復再拜啓——

曰：「天尊大聖，今將遠行，今後相見甚難，舉國受恩，慨戀無所，欲請天尊及我師無上真人稍停聖駕，在此行道三十日，然後送別，未知尊意如何？」

老子曰：「善！」王遂與世子臣民，大建道場，廣陳供養，歌唱詠讚，轉瞬之間，行道三十日屆滿，猶欲延留。

尹喜曰：「善哉！善哉！謝謝你們供養，吾將侍師行化諸國，不能再留了。」

於是胡王攝衣而起，跪行而進，再拜長跪，合掌稟道——

曰：「我師將捨我而去！無所諮請，願受要旨，終身奉行。」

尹喜曰：「吾語子，戒律雖非至道，誠為入道之階，如能堅持不懈，泰定從此而生，智慧從此而起！要知九層之臺，起於累土。合抱之木，生於毫木。千里之行，始於足下。」

又曰：「汝國風俗獷戾，阿修羅之凶殘習氣未除，故我師立教，柔弱處下，汝惟不爭，故天下莫能與之爭，汝能無爭三昧，則於現在世，當為人中第一；未來世當證善果。」

王受教已，稽首禮謝。

尹喜真人重又向王說道——

曰：「子前來，子知身相虛假，萬有非實？汝欲求寂滅之樂，當『除垢止念』，不見可欲，一塵有染，則累汝性！」

王於言下開悟，叩頭拜謝，尹喜真人遂偕諸仙眾侍，護從老子辭別罽賓國境。國王即率眾入山修道，遞相訓導，因此罽賓國得度了。

十三、老子化渡條支國

老子離境之後，下一個要去的國家，便是條支國！此國國王奉侍外道魔師，魔師徒眾，皆由國家俸祿供養，至今已有十餘年，廣行幻術，國王敬信有加。

一日國王向魔師說道——

曰：「國中大山當道，妨害交通，壅阻河流，時遭洪水之業，未知師能施法把此山移開否？」

魔師曰：「可！明日為王移開。」

次日魔師率徒施法，適老子坐於山旁樹下，觀諸魔師各作奇術，兩手作訣，口中念有詞，這座大山漸漸微動。

老子知此國國王可化，向尹喜真人說道——

曰：「魔師作法，欲除此山，山若果除，王必信謂神聖，王若信服魔師，則此國難以度化矣！你看如何？」

尹喜聞言，即以神通制之，山遂不動。

魔師面面相視，不知所以，其中一人說道——

曰：「方才此山已動，現在反而不動，想必有異術之人，從中破壞，施法禁制？」

說罷，諸人登山四望，加以尋覓，遥見真人，乃急向前，將尹喜真人提送國王之前。

國王見尹喜，不是本國人氏，和顏問道：「汝是何人？」

尹喜亦笑著答道：「太上弟子。」

國王曰：「太上是何人？」

尹喜應曰：「太上是聖人。」

國王曰：「汝之太上，現在何處？」

尹喜曰：「自罽賓國行化至此，近在山下。」

國王令左右往迎太上老子，進入王宮，坐定後問道——

曰：「人言老翁是聖人，吾國有一座大山妨路，萬民之患，無人能把它除去，願聖者為我除之如何？」

老子應諾。

國王曰：「不知須要多少人力相助？」

老子曰：「這乃小事，不須人力！」

魔師見狀，深恐國王不再信用，急向國王說道——

曰：「區區小事，還是交付我們辦吧！何必麻煩外人。」

國王曰：「善！」

於是魔師動用三千餘人，一齊作法，聲嘶力竭，此山仍是巍巍不動。

國王見魔師已無能為力，顧謂大眾曰：「還是請老翁辦理吧！」

老子即以九節手杖，舉在空中，順手將大山撥去，輕輕一甩，如撥土塊，這座大山，移在一旁，河水馬上順流，土地亦歸於平正。

王叩首再拜，求為弟子，不復奉侍魔師，舉國臣民，倍加敬仰，咸願皈依受化。老子還於樹下，國王請老子入館舍王宮，老子不從，國王益加信仰，於是匍匐膝行，叩頭請問——

曰：「竊聞聖者不違人心，伏願為我說法。」

老子點點頭——

曰：「吾聞王者，悉作常人，德蔭萬物，行合乾坤，開化人天，為國之君，君能行道，國土長全，寢甲休兵，安濟萬民。如果於世無道，國土傾淪，多攖多災，毒及臣民。王宜盡心，奉道求真，身無災害，嗣續詵詵，鄰國畏服，姦惡不侵，命壽長久，與天相親，月不夜蝕，日不晝昏，父不哭子，臣不背君，王宜體之，遵『道』敬『天』。」

國王曰：「願乞哀憫，留神賜教，示以道要。」

老子曰：「恐王驕蹇，易生退心，未可輕付！」

國王於是召集百民，七日七夜，修齋供養，各持綵繒黃金以為信誓，手持香花，叩頭百拜，慇懃三請，然後說道——

曰：「伏聞大聖開化罽賓，遠近諸國，咸受正真，我今劣弱，未蒙垂慈，願剖大道，開示愚民，使舉國人民，終世奉行。」

老子見其真心奉道，乃說道——

曰：「吾已令弟子無上真人，與諸國王為師，演說經戒，剞心制形，生得安穩，無有夭橫，死得滅度，不墮惡趣，王能敬奉，獲福無量。」

國王唯唯聽命。

老子曰：「請回宮吧！可焚香作念，等待無上真人的到達。」

尹喜真人，應念化身倏到宮殿之上，坐寶蓮花，為國王講授十八戒法。

國王合掌歡喜禮拜，願棄國家，不顧身世，持如是戒，不敢有違。

尹喜真人又為國王及群臣初發心之人，說三戒。盡已伏心者說五戒。

國王向尹喜真人問道——

曰：「敢問師尊，太上聖人，先下東方，不知以何法度教化，莫非亦如師尊今日所授？」

尹喜真人答道——

曰：「我師隨世隱顯，方便說教，昔在神州，以神仙之道，教化天下，上自三皇，次及五帝，修之皆得神仙。」

國王曰：「浮屠與神仙，有何差別？」

尹喜曰：「浮屠，回心向道，剪滅六根，以『空寂』爲宗，如能神悟性靈，得證正果。然命過形亡，終歸寂滅，永為陰靈而已。（後世丹經云：只修命，不修性，此是修行第一病；只修祖性不修丹，後劫陰靈難入聖！）神仙者，修眞證道，形神俱妙，顯化飛昇，出有入無，長生不滅。」

國王曰：「何不以此教我，外國之人，可否也修此道？」

尹喜曰：「生道至重，上天所秘，非夙植道本，安得易聞。」

國王禮謝，遂建精舍，造像供養。

十四、再化渡于闐國及西域諸國

老子弘化此國，任務完成，下一站便到了于闐國。于闐國王，聞老子將至，即率群臣迎於國內南渠山之上，營造精舍，恭請老子居住，老子居定之後，不飲不食，宴然自得。國王及近臣，朝夕諮問，求乞度化，老子授以齋戒七法。

一日王向老子問道——

曰：「聖師所言，止有『齋戒』，不知還有他法施以教導否？」

老子曰：「吾道無量無邊，順俗通俗，因機立化，在中華時，行無上正真無極大道，修習之者，度世延年，功行圓滿，克登仙果，乘龍馭㷀，白日昇天。」

老子曰：「說三洞真經，三十六部大眾，次法萬八千篇，上至帝王，下及凡庶，修奉之者，隨其深淺，受報登仙，或為上聖，或證高真，品秩三十七等，飛行自在，變化莫測。

老子曰：「又有金液神丹，導引之法，三奔五煉嗽御之經，及採餌靈芝神草柔金水玉之方，至於隱天藏月，變景煉形，役使鬼神，制御天地，符圖寶篆，玉璽金書，萬術千經，開化後學，皆因宿根清淨，稟氣淳和，只道樂真，精誠不退，身心相應，方堪付授！」

老子曰：「如汝國人，積生剛勁，宜以浮屠之法，制煉身心，如能精勤不懈，命終之後，受福生天。道法玄妙深微，縱教於汝，亦難了解，並非　吾慳惜道法，不予傳授！

老子曰：「良由眾生，自無始以來，慳貪嗜慾，啗食無厭，養其膿血，彌益罪根，生老病死，惡夙毒氣，百病來侵，受生稟質各個不同，日夜循環萬生萬死，或居母腹，不得出生；或至分娩，即便死亡；或一歲二歲，念念改張，一日之中咸少安樂。良由廣食穢濁，骨肉烹煮，損傷臟腑，金玉之質逐日化銷，身形難以長久。」

老子曰：「　吾今不飲不食，抱道自然，變化無方，長生不死，常說經教，開度眾生，凡夫愚迷，不能啓信，　吾常憂憫無已，故在茲『持齋』，使人習法，滅其病苦，能行之者，獲福無量。」

國王曰：「聞有聖人，近在罽賓出世，傳法度人，莫非是聖師否？」

老子曰：「此浮屠之教，西域諸國，國王人民，咸已歸依，止殺除淫，調柔其性，當得果報，常生人天，今汝奉行，不可懈怠，內外清淨，心照圓明，罪既不生，福亦自長，歷劫之中，常得快樂！」

國王信服，敬禮受命。

是時老子在于闐國，謂尹喜真人道——

曰：「吾此次行化，意欲遍此西方，攝取外道，令歸正法，其諸國土，已得度者，及未得度者，我於此時，咸令集會，俾得開悟，歸入法門。」

老子作是語已，即有『九色神光』，遍照西方無極國界，光所及處，俄傾之際，毗摩城中，自然寬平，地化金色，建大法座，百寶莊嚴，三界眾真，諸天靈神，乘雲控鶴，集至于闐。

時于闐國王，及罽賓國、條支國、安思國、大月氏國、朱俱半國、湯叛陁國、護密多國、骨咄陀國、俱密國、蘇解國、技汙那國、久越得健國、悒恒國、烏拉喝國、失茫延國、護時犍國、訶達羅支國、焉耆國、波斯國，踈勒國、碎葉國、魚茲國、佛林國、弓月國、瑟僵國、康國、史國、采國、似沒藍國、曹國、何國、大小安國、穆護國、烏那舀國、尋勿國、大尋國、西安國、大秦國、波羅奈國、帝那忽國、伽摩路國、乾陀羅國、烏萇國、曇陵國、多勒建國、大食國、殖賦國、數漫國、迦羅國、恒沒國、俱藥國、嵯骨國、迦葉彌羅國、不路羅國、泥婆羅國、獅子國、拘尸那揭羅國、毗舍離國、劫毗陀國、室羅伐國、瞻波羅國、三摩恒吒國、鳴茶國、蘇剌吒國、信度國、烏利尸國、扈利國、色加栗國、漫土漫國、尼拔國、越底延國、賒彌國、小人國、軒渠國、陵羅伊羅國、狼揭羅國、舍衛摩竭提國、隘倪國、米國、天竺國等八十餘國國王及諸羌酋部落，見此光相，妙麗希有，圍繞瞻仰，欷喜讚歎，願聽法音。

老子運『妙有神通』，悉皆攝受，鄭重告諸胡王等人說道——曰：「汝等肆五毒心，唯嗜血肉，殺害無厭，斷眾生命，我今爲汝說浮屠經，一切萬有，非實際應當屠者，勿復殺害生靈。不能戒者，可食自死肉，而汝鬚髮拳鞠，身體羶腥，至于氈裘，積諸垢穢，當祝鬚髮，洗滌身心，常習慈悲，以滅煩惱。依我『立齋月日』，及所說『戒律』，常須『持齋奉戒』，絕諸邪想，歸依『大道』。」

時舍衛國王、摩揭提國王，出班拜請——

曰：「敢問皈依『大道』，其法如何？」

老子曰：「奉吾法者，當作淨舍，恭肅無疑，朝夕焚香，經授經爲，念念相續，自悟悟他，興建福田，齋講開悟，親近明師，憐愍後學，厭離俗纏，不矜功德，常思濟物，願見明時，念施法藥，願道流行。不妄興利，不慕榮觀，不欺卑賤，一切恭敬，恤老矜孤，親疏平等，不妄殺戮，永斷諸業，常與道合，（慈悲忘我的運作），能如是者，現世獲福，過後生天，慶流後嗣。」

時舍衛國王、烏萇國王、摩竭提國王等皆願捨位，歸心修道。會中無數善衆，悉發善心，稽首唯唯，信受奉行。

老子點頭稱許，指著關尹子告訴大家說——

曰：「這是　我首座弟子無上真人，他道法精湛，善巧方便，他隨吾來到西方，仍面常東東向，以　我從東方來，示不忘本，從今日起，可作為你們的老師，汝等禮拜供養，不得退轉，自獲成果。」

眾人聞言，又向尹喜真人稽首為禮。

尹喜在此期間，頻為諸胡王說法，並侍從老子，老子謂尹喜曰：「此西方現存九十六種外道，這九十六種外道是——鬱遮羅外道、差法智男富外道、倮形外道、熱灰身外道、少子騫外道、賓頭外道、遮護神外道、信行外道、邊見外道、見到外道、空見外道、虛虛空外道、不遮護外道、首羅外道、空亂音外道、梵缽賒外道、洪照外道、普安外道、張世外道、無相外道、真諦外道、梵音外道、宗明外道、大拔外道、廣學外道、清修外道、講論外道、顯極外道、阿修羅外道、宗明外道、大拔外道、廣學外道、清修外道、講論外道、顯極外道、阿修羅外道、舍依獅子王外道、神憨駕女外道、慧意外道、鳩魔手那外道、梵摩闍羅外道、綱旃拖羅外道、那羅延外道、千炭外道、踟拔魔外道、耿魔外道、魔酢首羅外道、跋折羅神外道、拔闍羅外道、遮文荼外道、尼藍外道、商揭羅外道、央拘施外道、摩利支外道、阿吒薄俱外道、彌施河外道、摩底外道、那俱跋羅外道、趙神鬼外道、鉢健提外道、鳩留伽闍外道、光照外道、威嚴外道、洪廣外道、迴向外道、毗曇修多羅外道、振威外道、藏楊自外道、、自在廣博嚴淨外道、伎毛道外道、求那拔那外道、依真外道、得爽外道、明錬外道、葛壞衣外道、尼利外道、高望提外道、阿求那外道、騰空道畏外道、佛沙莫沙外道、那健陁外道、婆摩智那外道、尼連旃外道、頗梨頗外道、道利逍外道、阿扇旃帝外道、空解大道外道、垢神外道、道堅外道、到行外道、梵意外道、大豐外道、超空外道、善女天外道、元通太虛外道、我角外道、曠賢外道、燈分化外道、阿羅囉吒外道、阿虛至外道、照明五瞿外道、殷阿拖利外道、此諸外道，凡九十六種。」

老子曰：「或男或女，若人非人，能為魔事，亦祝鬚髮，烏衣跣足，說種種三昧。種種觀法，等不等法，作諸變怪，種種形象，令人墮邪道，無有休息。」

老子曰：「吾去之後，此外道偏行於世，將至于東夏，所行之法，亦復如前，轉更於人利養，甚則邪淫，使人捨身命財，及諸男女，云過去未來，得諸果報，復令國王帝王，傾心信向，迷俱政事，不歸清淨。著此外道，則生我慢，矯誑百端，惑亂大道，汝宜於此化以浮屠，令入『不二法門』，斷除邪障。」

尹喜真人以法度人，諸外道悉來稽首，不復為幻。尹喜真人將侍老子，復還東方，群胡得知，留戀不捨，不忍辭決，請求尹喜真人常留此土，教化眾生，祈戀再三。

尹喜曰：「汝等如以法相見我，我本無動，寧有去來；汝必欲以身相見我者，可用五色土木，金玉彩石，置像吾身，禮拜供養，吾當應現，為汝說法。」

復又告曰：「汝等同受天地一元之炁而生，皆具足眞常之性，於未來世，究竟當得無上正眞，至於至道，善自護持，無犯戒律，過中勿食，食已欲起，先作念言：『處世界，如蓮花，不著水，心清淨，超於彼。稽首禮無上尊！』念已即起。」時與會諸眾，聞之悉皆歡喜，頂禮信受。

老子將行，與群胡辭別，諸胡王及臣民依依不捨，老子見其善意綿綿，乃作臨別贈言，說道——

曰：「我暫歸天上，簡定人鬼之錄，尋尋當下降，百年之外，當有佛陀降生汝國，施教後人。」

言訖，老子駕八景雲輿，尹喜真人乘白鹿，群仙跨鶴，仙樂滿空，天神導從，昇天而去。群胡仰望，再拜哀泣，倏忽之間，無復影響，乃各還本國，惟罽賓國國王煩陀，入山居精舍，積修苦行並堅持戒律，化其國人，捨惡從善，死後上生梵天，生梵天後，能知宿命，每念前因，願聞「天道」，老子復命尹喜真人授以真空常寂之道，神仙解脫之法。

十五、孔子問禮於老子

老子昇天後，至周穆王四年甲申，降遊東海；至扶桑，會大帝，校集諸天品位高下後至敬王時還於東土。

敬王十七年戊戌，孔子聞老子道風高逸，一日向南宮敬叔說——曰：「吾聞老聃，博古談今，通禮樂之原，明道德之歸，是吾師也，今將前往問道。」

南宮敬叔言於魯君，魯君供給了車一輛，馬二匹，僮僕一人，孔子去周，參訪老子。

老子見孔子到來，坐定後，向孔子問——

曰：「吾聞子北方之賢者也，子亦得道乎？」

孔子曰：「未也。」

老子曰：「子惡乎求之哉？」（求的怎樣？）

孔子曰：「求之十幾年而未得也。」

老子曰：「子又惡乎求之？」（向什麼方面去求）

孔子曰：「求之陰陽，十有二年而未得也。」

老子曰：「原來如此！使『道』而可獻，則人莫不獻之於其君。使『道』而可進，則人莫不進之於其親。使『道』而可以告人，則人莫不告其兄弟。使『道』而可以與人，則人莫不與其子孫。其不可者，無他也，『中』無『主』而不立（心中沒有靈命的主宰，則不能立定也），外無『正』而不行（外行不端，無法通行運作），由『中』出者，不受於外，聖人不出。由外入者，無主於『中』，聖人不隱。」

孔子聞言，唯唯拜退。

過不多久，又去拜見老子，問道：「敢問大道？」

老子曰：「君子得時則駕，不得時而蓬累而行，吾聞之良賈深藏若虛，君子盛德，容貌若愚，去子驕盈與多欲，態色與淫志，是皆無益於子之身。吾所告子，若此而已。」

孔子聞言，禮謝而去。

他日，孔子又見老子，向老子暢談仁義。

老子曰：「請問仁義之性？」

孔子曰：「君子不仁則不成，不義則不生，仁義則人之性也。」

孔子曰：「中心愷愷，兼愛無私，仁義之情也。」

老子曰：「噫！幾乎後言，兼愛不亦迹乎。無私焉，乃私也。夫播糠眯目，則天地四方易位矣。蚊虻噆膚，則通夕不寐矣。

老子曰：「吾子使天下無失其樸，則天地固有常矣！日月因有明矣！星辰固有列矣！禽獸固有群矣！物植固有立矣！吾子欲放德於行，循道而趨，已至矣，又何偈偈手揭仁義，若擊鼓而求亡子焉！噫！吾子其亂人之性也。」

老子曰：「夫鵠不日浴而白；烏不日黔而黑。黑白之樸，不足為辨，名譽之觀，不足為廣。泉涸、魚相處於陸，相呴以濕，相濡以沫，不若相忘於江湖。請你仔細想想吧！」

孔子歸，三日不開口說話，子貢怪而問道——

曰：「老師！你拜訪老子，您對他有何規勸？」

孔子曰：「鳥、吾知其能飛；魚、吾知其能游；獸、吾知其能走；歸者吾可以矰，遊者吾可以綸，走者吾可以網。至於『龍』，合而成體，散而成章，乘雲氣而上天，吾所不能測也。今見老聃，其『猶龍』乎！他使我口張而不能噜，神錯而無所居，吾又如何能對他加以規勸呢！」

有一天孔子帶領了四位弟子去見老子，在門前不遠之處與老子相遇。

老子問孔子曰：「他們是誰？」

孔子指著說道——

曰：「他叫仲由是個勇敢而有力之人。他叫曾參是事親最孝的人。他叫顏回是位很有仁德的人。最後這個叫顓孫師是個武人。」

老子一個個看過之後，向孔子說道——

曰：「吾聞南方有鳥，其名曰鳳，鳳鳥的一身，戴聖纓仁，左信右賢，力在足而勇在前，不知與你們比較起來，是否不相上下呢？（指示孔子五人合而為一之道）。」

孔子及諸弟子，聞後，各有所悟。一天，孔子又去拜見老子問道——

問　曰：「聞古代的祀天，有五帝之神，是否？」

老子曰：「天有五行，木、火、金、水、土，分時化育，協佐上帝，生成萬物。」

孔子曰：「請問何謂五帝？」

老子曰：「東方青帝名威靈仰，執規以司春。南方赤帝名赤熛弩，執衡以司夏。西方白帝名白昭矩，執矩以司秋。北方黑帝名叶光紀，執權以司冬。中央黃帝名含樞紐，執繩以司四季。故古之王者，易代改號，取法五行五德，更始終及終始相生。因之，古代明王，死後配亨於五行，是以太皞配木，炎帝配火，黃帝配土，少皞配金，顓頊配水。」孔子唯唯。

孔子有一次去見老子，慨歎說道──

曰：「行『道』很難，我執『大道』周遊各國，而當時各國之君，沒人能肯接受，真是『道』之難行！」

老子曰：「說者流於辯，聽者亂於辭，知此二者，則大道不可委矣！況子之所言者，其人與骨皆已朽矣！獨其言在耳。詩書禮樂，先王之陳迹也，豈其所以迹哉！

老子曰：「夫迹、履之所出，而迹豈履哉！夫白鶂相視，眸子不運（不轉睛），而風化蟲；雄鳴於上風，雌應於下風，而風化類（由氣傳其神精而育下一代），自為雄雌（陰陽）而風化。

老子曰：「性不可易，命不可變，時不可止，道不可壅，苟得其『道』者，無自而不可；失焉者，無自而可。」

孔子聽到老子這番深切的指導之後回到自己家中，沉靜細參了三個月。

復見老子請益，向老子說道——

曰：「丘得之矣烏鵲孺魚傳沫，細腰者化，有弟則兄啼，久矣夫！丘不與化為人不與化，為人安得化人！

老子點頭示可，說道：「你得『道』了。」

孔子得到老子的印可，心中無限怡悅，一天又去參拜老子，適逢老子沐浴方畢，正在披髮，等待水乾，看來長髮散垂，不像人形，孔子見狀，不敢驚動，待在一旁。過了一回，拜見老子說道——

曰：「丘也眩歟？方才看到先生形骸，真像個槁木遺物，離開人群而立於幽獨之處？」

老子曰：「是呀！吾遊於『物之初』。」

孔子曰：「請問何謂『物之初』？」

老子曰：「心困焉而不能知，口闢焉而不能言，嘗爲議，其將至陰肅肅，肅肅出乎天；至陽赫赫，赫赫發乎地。兩者交通成和，而物生焉，成物之紀，莫見其形，消息盈虛，一晦一明，日改月化，有所爲而莫見其功，生有所乎萌，死有所乎歸，始終相反乎無端，而莫知其所。窮是非也，且孰爲之宗。」

孔子曰：「『物之初』既蒙指導，請問如何遊於『物之初』先天境界？」

老子曰：「得遊於是，乃是至美至樂之事，得至美而遊至樂，那是至人的境界。」

孔子曰：「什麼方法才可以做到？」

老子曰：「食莫之獸。不疾易藪，水生之蟲，不疾易水。行『小變』而不失其『大常』也。喜怒哀樂不入於胸次。夫天下者，萬物之所『一』也。得其所『一』而同焉。則四肢百體，將化為塵垢；死生終始，將為晝夜，而莫之能汩而況得喪禍福之所介耶！棄隸者，若棄泥塗之身！貴於隸者，貴在於我而不失其變！且萬化而未始有極也。夫孰是以患心哉？為『道』者，解乎『此』矣！」

孔子聽了老子的「小變大常」暨「得一同萬」以及「塵視有形」、不再置心迷於輪迴旋轉圈子之內的道法，深感受益不淺。

良久又問道——

曰：「大人德配天地，而猶假至言以修心，古之君子孰能脫焉？」

老子曰：「不然。水之於汋（擊水聲）也，無為（不擊）而才自然。至人之於德也，不修而物不能離焉，夫天之自高，地之自厚，日月之自明，夫何修焉！（能離物者，本體即返無爲，而自成其本來的博厚高明。）」

孔子聽了老子這番開示之後，出來遇見顏回，鄭重的告訴顏回道——

曰：「丘之於道，其猶醯（醋）雞歟？微夫子之發吾覆（沒有老子的啓廸），吾不知天地之大全也。」

孔子將回返魯國，老子送行，臨別時，向孔子說道——

曰：「吾聞富貴者，送人以財，仁者送人以言，吾既不能富貴，竊仁者之號，今送子以言，凡今之士，聰明深察，而近於死者，發人之惡者也。勿以有已為『人子』者也！勿以有已為『人臣』者也（爲人臣子者，更不可公開犯上）。」

離別依依之際，孔子又聽了老子「大德海涵之旨」的教誨，敬謝說道——曰：「當奉教誨。」

孔子大徹大覺返回魯國之後，其道彌高，四面八方從孔子求學的弟子，增加到三千人，而後著書立說，教化後世，建立了萬世師表的楷模，足見聖聖傳心，何等可貴，見文知事，更應體悟。

十六、唐・宋——老子聖靈顯化

大唐得了天下，自唐高祖李淵至哀帝李祝，先後二十位皇帝，享祚二百九十年，在整個唐朝時代裏，太上老子被尊為聖祖，而太上老子的顯化，以及受到朝廷及王公大臣的尊重和推崇，堪稱自老子的晦跡人間後，泱泱乎成為歷代之所未有。迨至宋朝，宋真宗皇帝，仰慕太上道風，經常出動聖駕躬臨渦水之濱，恭謁太上出生聖地——太清宮，以表欽崇。諸多事跡，擇要敬敍如后：

◎唐朝初得天下，土地遼廓，尚未完全平定，這時絳州曲沃縣，有一位名叫吉善行的人，此人忠厚老誠，從不說謊，適逢地方有賊兵來侵，吉善行逃難到了普州臨汾縣，該縣有個羊角山，逃難之人眾多，編組自衛，這天輪由吉善行登山瞭望，察看賊兵行蹤，這時倏見北面山坡上，有一人，乘白馬來，狀甚奇異，吉善行迎向前去，與之相遇。

「此人」是一位鬚髮皆白的老者，上下素衣，戴烏冠，乘白馬，此馬四蹄皆赤，至為希有，左右有年約十三、四歲的童子二人侍立，一人執巾，一人執紅拂子，神光射人。

老者告吉善行道：「為我傳言告知大唐天子，要想以聖道治理天下，社稷延長，應當在長安城東築一個道廟名叫安化宮，設置道像，天下就會太平了！」老者言訖，乃騰空而去。

吉善行見狀，無限驚奇，過了兩個多月，忽然有一天夜晚，聞扣門之聲，吉善行開門，有一素不相識之人告曰：「明天請到與白衣老人相遇之處，老人有話問你。」

次日，吉善行至，老者乘馬如前，著白衣，戴金冠，謂善行曰：「吾前先告訴你的話，還記得嗎？」

吉善行：「老人家，我還記得。」

老人曰：「很好！很好！你可以快去奏明天子吧，不必再等待了。」

吉善行：「您老人家沒有文字書信給我作為憑據，教我如何敢奏？」

老人曰：「莫怕！前程自有。」

吉善行：「去見天子，不是一件小事，我不知道到了京城，人家能如何相信我說的話。」

老人曰：「你到京城，遇到有一位以石龜進獻的人，那時人家就會相信你了。」言訖，老者轉瞬不見。

吉善行次日即整裝出發，到了晉州，找到他做官的朋友名叫史賀若的人，史在州府中工作，吉善行言此事，請他幫忙，史君便帶著吉善行，晉見秦王，具言「神人顯現」及所言一切，秦王差都督杜昂率同吉善行回到羊角山「老人顯現」之處，設奠祭拜，拜祭間，倏見老人現於高空紫雲之中，容貌服裝一如吉善行所言，老人舉著馬鞭詰問杜昂說道：「你是何人？」

杜昂恭恭敬敬應道：「秦王使者杜昂，奉命來此拜供。」

老人曰：「不飲不食，何用拜供！」旋又指著吉善行問道：「吾所言者，此人悉知。」言訖老人倏即隱去。

杜昂回稟秦王，言明所見所聞，秦王聞言大喜，即著人漏夜寫表，表成率杜昂及吉善行馳驛入奏。

至京，到了朝門之外，站立未定，果有邛州張達者，入京呈獻石龜，龜身有天然石文，其文曰：「天下安，子孫興，千萬歲，千萬歲。」乃同入奏，高祖皇帝大悅，詔授吉善行朝善大夫，勅立廟於羊角山「老人顯現」之處。廟成，老人遣人召吉善行謁廟，吉善行於廟旁林中，遇見老人。

老人問曰：「天子歡喜否？」

吉善行對曰：「歡喜是歡喜，但不像太歡喜的樣子。」

老人曰：「所為何事？」

吉善行對曰：「唯不知聖者姓名。」

老人曰：「我？無上神仙——姓李字伯陽號曰老君，即帝祖也。史記中亳州、谷陽縣有株枯檜，不久可以再生為驗，又今年平賊之後，天下太平，享國永久。」言訖，忽然不見。

吉善行又入奏，高祖太喜，未幾賊亂平定，亳州城內已萎枯多年的老檜樹，果然死而復生，朝廷因此下詔改羊角山為龍角山，前建之廟更名為慶唐觀。

唐太宗正觀十一年詔告天下，詔文曰：

原夫老君垂範　義兒清虛　釋迦貽則　理存因果　求其教也　汲引之跡殊途　窮其宗也　洪益之風齊致　然步大道之行　肇於邃古　源出無名之始　事高有形之外　邁兩儀而運行　包萬物而亭育　故能經邦致理　返樸還淳　至於佛教之興　基於西域　源自東漢　方被中土　神變之事多方　報應之理匪一　洎乎近代　崇信茲深　人冀當年之福　家懼來生之禍　由於滯俗者　聞幽宗而大笑　好異者　望真諦而爭歸　始波涌於閭里　終風靡於朝庭　遂使殊俗之典　鬱為眾妙之先　諸華之教　翻居一乘之後　流遯忘返　于茲累歲

朕夙夜寅長　緬惟至道　思革前弊　諸軌物　況朕之本系　出自柱下　鼎祚克昌　既憑上德之慶　天下大定　亦賴無為之功　宜有改張　闡茲真道　自今已後　齋供行立　至於稱謂　其道士女冠　宜在僧尼之前　庶敦末俗　暢於九上　尊祖之風　貽諸萬歲，告報天下，主者施行。

◎太唐第三世皇帝，唐高宗，龍翔二年，帝在洛陽宮，忽然有感，問近側有何古跡，老臣奏曰：「皇城北山，有老子祠，每祈請，立有感應。」高宗聞奏，勅洛州長史譙國公許力士督建太清廟，掘土得一石案，長四尺，廣二尺，厚二寸，高八寸，兩頭各有四腳，上刻『太上老君』字樣，廟成，立殿畢。帝勅內侍監官闈令權大方及道士郭行真、黃元頤、劉道合等人夜建道場，慶讚設醮，纔訖。有白光遍照層壇，老君現於光中，鬢髮皆白，身著白衣，侍者二人，良久乃隱，洛州錄事參軍楊護師等一十三人同見，以狀奏聞。有旨令依狀繪圖，號為『老君瑞像』。

像成呈閱，百官上表慶賀，文曰：

老君越在皇世　驟表休祥　皇帝陛下　垂裳多暇　鍾想妙門中遂乃申摸聖像　託搆崇椒　騫風甍於鳥路　抗蚪簷於雲表　茲馬鑿牖　爰申上祥　俾夫柱下靈姿　散奇光於壇宇　楝間仙侍　流異景於庭階　允應至誠　宜符睿德　揚七廟之邇慶　保億載之宏規　豈可與虞致榮光　漢延嘉氣　靈禽降祀　膚葉與封者同年而語哉

◎高宗皇帝於乾封元年二月二十八日，帝東封岱嶽，禮畢迴駕亳州，朝謁太上太清宮，尊封太上為真元皇帝，聖母為先天太后，文曰：

太道混成　先二儀以立稱　至人虛已　妙萬物以為言　奧若老君　朕之本系爰自伏羲之始　暨乎姬周之末　靈應無像　變化多方　遊元氣以上昇　感日精而下降　或從容宇宙　吐納風雲　或師友帝生　丹青妙化　御陰陽而不測　與日月而俱懸　屬文喪在辰　晦跡柱下　大洪雅訓　垂範將來　雖心齊於太虛　而理歸於真宰　若夫絕聖棄智　安神寡欲　寂爾無為　宛然自得酌之不竭　用之不盈　執大象以還淳　滌玄覽而遣累　邀乾坤以長久　跨陶鈞而亭育　至矣哉　固無得而名也　況夫大聖所資　克昌寶祚　上德所履允屬休期　朕嗣膺靈命　俯臨億兆　仰三光之明　而夙宵寅長　居四大之重而寢興祇惕　盡孝敬於宗祧　罄懷姿於幽顯　行清靜之化　承太平方業

登介丘而展禮　坐明坐而受記　飛煙結慶　重輪降祥　鶴應九歌　山呼萬歲越振古而什休徵　冠帝先而為稱首　大禮云畢　回輿上京　肅駕瀨鄉　躬奠椒醑　仰瑞柏而延佇　挹神泉而永歌　如在之思既深　敬始之情彌切　宜

昭元本之奧　以彰玄聖之功　可追上尊號為玄天皇帝　聖母為先天太后　仍改谷陽縣為真源縣　當家宗姓　特給復一年　翼履敦遠之情　用申尊祖之儀　告報天下　主者施行。

◎唐玄宗奉道至篤，為太宗皇帝文德后與建東明觀，極土木之勝，金碧輝煌，宏壯冠於一時，觀成。帝偕后親幸設齋，在場官員臣民，咸呼萬歲，儀鳳四年四月四日，勅道士鄭元隱、冠義、羅務光等二十四人行道，大做法會，至五月一日丑時，見老君乘朱駿白馬并青衣童子，空中降下，壇上祥光映照洞徹內外，老君曰：「我孫享祚長久。」言訖不見。百官中孫瑞具表奏賀，文曰：

臣聞混元皇帝現於廟所，相玉毫，光奪夜明之景；白駒丹鬣，跡流天駟之衢，青童挽引，應瑤鐘而降節；紫雲霄布，籠銀漢而高昇，固以克昌厥續，惟新景命，恢我皇度，冠乎兆人，自非聖德冥通，其孰能與於此耶！所謂道冠百王，慶隆萬歲，永綏寶祚，克享無期者也。

◎明皇開元三年，勅天下置混元觀，御書混元讚曰：

「爰有上德　生而長年　白髮垂相　紫氣浮天。
函谷關口　經留五千　道非常道　玄之又玄。」

帝親筆御書，掛於大聖祖殿寶帳額上。

◎明皇開元十一年，又勅五嶽各置真君廟，又勅諸共置紫極宮。

◎明皇開元十三年又勅上都置太清宮，常都置太微宮，北都置紫微宮，路州潛龍故宮置啓聖宮，並給衮冕絳紗帷帳，交龍門戟，一如宮闕之狀。

◎開元十七年己巳四月十五日，益州大都督府長史張敬忠奏——大聖祖真元皇帝，『應現』於該管蜀州新縣之新興尼寺佛殿柱上，自然隱起木紋，為一老君聖像，頂上有華蓋，足下前後左右各有雲葉天花一十三處，經派員實地查明，檢具地方宮吏及道士僧尼等一百三十人共同具狀，上奏朝廷，狀云：

自明木紋　真容隱起　神跡殊妙　灑洗愈明　非功刻所能成　非雕鏤所能及

狀以太上老君　先天大聖　越古垂體　變化無常　潛龍難測　軒轅時　應廣成之號　周立文曰　居柱下之秩　龍德初親　現於羊角　今開元歲　降瑞於新興　此嘉祥　掩映三五者也　所以縣有新之名　寺有新興之號　瑞花旁

纔知芳輝之不歇　華蓋上　浮明瑰寶之常貴　現於殿柱　查疑柱下之年
照彼佛祠　緬若信胡之日　雖鳳巢軒閣　麟伏周庭　豈若仙祖降靈　聖孫膺
運　伏望册歡九廟　昭配兩儀　詳依古典　加儀尊號　然後編付史官　布告
天下

◎開元十七年己巳五月十四日，宮中差內侍林昭陽，宣取『像柱』入內，於大聖殿供養，又令兩街諸宮觀，各供養七日，卻進入內，勅曰：

「道體無方，幽宗有應，形標柱史，名叫新興。宗廟垂休，生靈蒙福，宜付史館，宣示四方。」

明皇帝將幸渭北，忽夢真元曰：「汝享國久矣，今北神不在，汝不可行，宜速罷之！」中夜，宣罷渭北之行，次日天降大雨，注入經渭水，泛濫成災。

◎開元二十一年癸酉，明皇御註道德經，並製序，下詔士庶之家，各藏一本，兩街競列幢幡音樂中自大內迎經歸太清宮，香花之盛中近古未有。

◎開元二十九年正有十七日，陳王府參軍田同秀於丹鳳門外，忽見紫雲自西北映樓，又見混元乘白馬，其中侍從二人，童子二人。謂秀曰：「我昔與尹喜由華入流沙之日，藏一金匱靈符，在桃林故關——尹喜舊宅，汝可請帝取之。」同秀具事奏聞：勅差內使李志忠偕同秀往陝林縣南十二里故函谷關墟求訪之，俄有「紫雲白兔」，現於「枯桑」之下，遂穿掘下至水郭，得石函金匱玉版朱書細篆。帝聞奏大悅，即令京師列十部樂，歌舞鼓吹，自通化門迎入，其文於寶典中放五色光洞照天地，帝於丹鳳樓上，身披龍衮，手執金鑪，六宮嬪采，競於樓上焚香散花，遙拜作禮，帝令散金錢於樓下，令士庶分取，以為祝賀。斯須，山呼之聲，震動京邑，於是置寶符於靈昌殿，是夜樓閣林之上，皆有神燈顯現。

次年帝令將開元三十年改為天寶元年，以記盛事。

◎天寶元年閏月庚子，帝夢混元謂曰：「吾在城西南久矣，當與汝於興慶相見，可速迎我。」

帝夢醒後，謂宰相林甫，道士牛仙宮曰：「朕臨御海內三十年，未嘗不五更而起，具朝服，禮謁真容，為蒼生祈福，昨因假寐，夢見真元。」遂差使偕道門威儀蕭元裕，赴城西南尋訪數日，忽於樓觀山谷間，有紫雲盤繞，白光燭天，於其下掘出老君像，高三尺餘，奉迎還京，是日尚在興慶宮大同殿躬自迎謁，果符與慶之言，將玉像奉置於內殿供養，佩令所司，恭繪真容，分送諸道觀，並大赦天下。

◎天寶元年十二月戊戌，帝幸華清宮，其月四日，日未出，忽見驪山頂上，祥雲蔽，須臾大散，帝親見混元聖祖於朝元閣上，帝與侍從，瞻謁良久乃隱，遂改會昌縣為昭應縣。

甲午二月，帝朝太清宮，又加上混元尊號為大聖祖高上大道金闕混元天皇帝。

◎肅宗至德二載丁酉三月十八日，通化郡雲龍巖，郡人為國祈福，建大齋會，忽有煙霧異香，氤氳不散，自卯至辰時，始漸漸開霽，神光照天，因見混元真像，立於山前，自天接地，通身皆白，左手垂下，右手執五明寶扇，儀相炳然，眾盡瞻禮，其山雖高，亦不及肘，良久乃隱，遂具奏上聞宮廷。

未幾，大內出圖本，太上皇製讚并序，編付國史，昭告天下。

序曰：

我大聖祖　誕敷眾妙　光宅上清　貽厥孫謀　屢彰幽贊　今載三月十八日

復現於通化縣雲龍巖　晝現殊相　空浮瑞色　七耀五光之服　玉童金媛之儀

道釋人天　作禮瞻奉　昔真言傳於羊角　寶祚無疆　今宸儀炳於龍巖　妖

氛將沴　豈惟歷代師授　前王得『一』　斯乃宗社降祥　後昆惟萬　申命藻

繪　示諸郡國　若於陽寥之宇　如臨太極之庭

讚曰：

猗我列祖　闡效乘時　理身理國　曰能曰夷　上開仙洞　俯視靈姿　昭融至

道　叶贊無為　巖谷增麗　丹青罔遺　神光灼灼　淑景遲遲　當朝稱慶　列

群來思　福祚流衍　千齡在茲

唐武宗會昌元年，勅以二月十五日大聖祖降誕之日為降聖節。

迨至宋朝第三世真宗皇帝，仰慕太上道風，曾率群臣臨真源縣（現在的渦陽縣），恭謁太上出生聖地太清宮，謁畢返京，御製頌序如后：

御製朝謁太清宮頌并序

若夫先二儀　生庶物　是謂之至道　首三神　敷元命　是謂之高天　若乃居道之大　侔天之宗　迹處於範圍　可思而莫可測　功逾於陶冶　可知而莫可言　其應期也　無為而無不為　無往而無不往　是以存靈躅　運神遊　或惚恍而來同　或杳冥而高踏　九清宴處　與元始而均尊　億世仰瞻　稱太上而垂裕　洪惟老氏　實曰其人　所以綿區　靡不攸賴　況夫昭昭福也　宴載誕之鄉　奕奕仙洞　蓋炳靈之域　宜乎積精之所屬　平祐之所祈　徇輿誦以來思　揆元辰而祇若者也

太清宮者，介譙都之列壤，濱渦水之鴻州，因「降聖」之名區，成集真之靖館。成湯之國，疆理相望。太昊之墟，次舍密邇。土風純茵，地利膏腴，高阜層岡，總形勢於千里，茂林嘉樹，呈葱鬱於四時，足以為曲密之庭，靈仙之宇者焉。

矧惟

太上老君，混元上德皇帝，稟混茫之炁，含杳冥之精中，挺元化而無垠，冠懷生而資始，故能先太極而有，後太極而生，先來 而終，後來 已往，若乃有受娠，指李而辨宗，始育而能言，未孩而皓首，此而靈之兆也。晦迹於柱下，遠涉於流沙，答禮於仲尼，授經於尹喜，此垂教之迹也。肇自羲昊，以迄商周，化為至人，世存奇躅，此神變之德也。言秉飆馭，往陟清都，總治群仙，宣布和炁，此栽成之功也。

至于希夷之旨，清靜之宗，本於自然，臻於至妙。用之為政，政協於大中；用之治身，身躋於難老；施於天下，天下可以還淳；漸於生民，生民由其介福。所謂萬物之祖，眾教之先。漢尚其言，措於刑辟。唐宗其道，致乎昇平。宣餘迹之誕敷，傳億年而靡絕，國家膺延洪之寶命，啓累之璿圖，惟醇汪之攸基，自妙道而斯始。

太祖皇帝，神武不殺，舞干戚而賓九圍。太宗皇帝，清明在躬，垂衣裳而宣五教。增修俊德，冠列辟之丕聲，茂著鴻靈，詒沖人之纘服。敢不寶慈儉、持恭默，遵五千之訓，安億兆之民。書軌所通，期登於仁壽，日月所照，庶治於穆清，由至誠之感通，果祥徵之昭格，暨乎神期告瑞。謀頒大禮成純，禧集九霄之馭，偕降於宸闈，百世之祥，縷聞於帝緒，欽承於錫類，祇答於降康，故將擇吉懷於神皐，伸大報於春序，載念至教之父，始妙用於三才。景亳之郊，峙靈區於九井，躬修款謁，方在於詢謀，族貢輿言，遽形於傒望，顧茲協契，深慰予衷，乃議省巡，用諧人欲，由是發明，詔戒攸司，擇元辰於攝提，詣殊庭於譙左。爾乃千車萬騎，九宋八鑾，安轡乎皇衢，彌蓋乎真館，百執措事，萬國充庭，先時洗心，亘乃彰之遑，質明礎隕，勵如在之恭，鐘罄以諧，簠簋斯潔。預奉寶冊，所以增崇名也。次祓壇墠，所以待雲遊也。

若乃星漢杳杳，宮殿沈沈，其飄馭之來思，想蓬壺則邇，盛節無數，介祉有孚，復將格太室，就陽位，奠圭幣，奉牲牷，昇侑於祖宗，合祭於穹厚，以成邦家之純懿，以答神祇之鴻祐，載惟眇質，獲纘睿圖，恭佩聖言，肅遵道秘，非敢溺方術，求神仙，蓋念宗希夷，化區宇，緬追於淳古，大庇於蒸人，而六廟降衷，三靈流貺，故能齊天錫，交神歡，曠代之儀，以之屢舉，景鑠之事，罔不章明，由合宮之齋居，成峒山之順拜，既遵道而闡化，復尚德而教人，警蹕言旋，顧禮容而斯備，琬琰攸刻，庶風聲而靡渝。

頌曰：

譙都之壤　渦水之濱　是為福地　寔誕聖真　含茲眾妙

祐彼蒸民　藏室問道　尼父依仁　函谷望氣　尹喜知神

飆駕雖往　鴻應常新　福壤斯在　風烈無垠　緬瞻恭館
俯徇輿人　羽旄欲謁　舊典遐遵　蕭鄉肅薦　清意虔伸
孝聲明兮大備　期昭感兮交臻　祝威靈兮不昧　冀介福兮相因
將述宜兮茂則　聊刻鏤兮貞珉　序凝貞兮三檜　昭邁德兮萬春

宋仁宗推崇老子，親撰御讚。
文曰：

大哉至道　無為自然　劫終劫始　先地後天　今光點點　永劫綿綿
東訓尼父　西化金仙　百王取則　累聖攸傳　眾教之祖　玄之又玄

宋徽宗御注道德真經解義，留傳後世。

老子論說

一、老子道法宗脈

文・蓬萊馬炳文

我們這個世界——地球的誕生，是從大宇宙中一團雲氣的變化而來，這團雲氣變化而成的大地山河，天地萬物，飛潛動植。會萃而成的花花世界，使我們歷代祖先和未來子孫，皆生於斯！長於斯！休息於斯！代代相續，皆視此世界是我們唯一的故鄉。

智慧淺識的人，只觀察一身一家的短暫生活；智慧高睿的人則留意一鄉一邑的事務。立於廟堂之上，則須放眼天下，當謀求一國的福祉，學習治世的『聖人』，存有「民胞物與」「天下一家」的觀念及思想。至於有誰能夠堪破這個世界，視此世界之渺小，可藏於一粒「黍米之中」；視此世界的生滅無常，無異大海中的一個小水泡。感歎眾生在此小水澳中幻生幻滅，而能夠學習『聖人』智慧，得到永恒拯救，出此困境，同登於天地未生之前的上界，那便是不求名利默默耕耘的上聖仙真了。

萬物之靈秀者曰「人」。默默參贊化育者曰「聖」。曰「仙」。曰「真」。『真』乃上聖仙真所居之鄉，更是物質氣體未蒙之先，亦即地球雲氣未形成之前的莊嚴上界。

中華民族大道文化之一的「道家」，其「仙源道統」以太上老君為神仙宗伯，所謂『太』者乃神氣未形之初。『上』者乃萬物未蒙之始。依據古書記轉，中國自有人類以後，太上老君頻頻降世，作帝王之師，教導人類生存進步，脫劫出苦之道。這種神奇的顯化，人類是無法以此模式加以學習的，但我們寧可信其有。至於老子經由「人道」兩次降生李氏之家，成為「人中老子之身」後，「祂」的言行，我們是可以學習的，我們不能信其無。基「此」而研求身心清淨，精神凝合，逆流溯源，由末返本。書云：「一人元良，萬國以良。」。

甲、世傳老子降生以前歷代的顯現乃是前身太上老君的化身：

1. 天皇氏、地皇氏、人皇氏，五龍紀、攝提紀、合熊紀、連遥紀、肆姓紀共八十二萬五百三十年，在此時期中，老君降世號玄中法師，又號古大先生，亦號盤古先生。
2. 伏羲子孫相承，四萬五千六百年，老君降世號鬱華子。
3. 祝融子孫相承共五百三十年，老君降世號廣壽子。
4. 神農乃祝農之裔，老君降世號大成子。
5. 黃帝子孫相承共一千五百二十年，老君降世號廣成子，居於崆峒，帝膝行問道，授黃帝陰符經。
6. 少皞氏子孫相承共四百年，老子降世號隨應子，授莊敬經。
7. 顓頊氏在位七十八年，老君降世號赤精子。

8. 高辛氏在位七十年，老君降世號錄圖子，授黃庭經。
9. 唐堯時老君降世號務成子。
10. 虞舜時老君降世號尹壽子。
11. 夏禹時老君降世號真行子授靈寶五符治水真文。
12. 商湯時老君降世號錫則子，授生長經。

乙、老子降世及晦跡後的道統流傳：

老子西出函谷關時，傳道給關尹子，賜號無上真人，關尹子大道修成後，著文始真經，玆後道脈下傳，世稱文始派。

⊙文始派下傳有兩個系統：

1. 無上眞人——

麻衣（姓李、名和、號初陽、內鄉人，隱於安徽歙縣黃山，人號黃山隱者）

陳希夷（姓陳名摶字圖南號扶搖子，安徽眞源人，隱於華山史稱華山隱士）

火龍（隱其姓名身世，隱居終南，故稱終南隱仙）

張三豐（遼陽懿州人，姓張名通字君實，隱於武當山。）

2. 無上眞人——

尹軌（太和眞人）——杜沖（太極眞人）——彭宗（太清眞人）——宋掄（太漢眞人）——馮長（西嶽眞人）——姚坦（玄洲眞人）——周亮（八素眞人）——尹登（大微眞人）——王探（黃庭眞人）——李翼（西嶽仙卿）——河上丈人——安期生——馬鳴生——陰長生——徐從事——魏伯陽——張道陵（正一天師）——王長（玄都眞人）——趙昇（鹿臺眞人）——李亞（華陽眞人）。

⊙少陽派的系統：

東漢間，青州王成字玄甫，道號東華，遇崑崙西母王啓珠，珠喜其同姓，賜號白雲上真，授以老子青符正箓，金科靈文，玄甫服習三年勤而不懈，老子感而下降，即以黃庭內景刪為一卷，名曰外景，授玄甫修持，並傳九轉八瓊丹火侯，玄甫乃韜光晦跡，結庵靜煉，功成禮「東方少陽之氣」，因號東華帝君，道脈下傳世稱少陽派。

1. 少陽帝君——鍾離權（雲房）——呂純陽（洞濱）——劉海蟾。
2. 劉海蟾——張紫陽（伯瑞）——石翠玄（泰）、薛紫賢（道光）、陳翠虛（楠）、白玉蟾（海瓊）、彭鶴林、世稱「南派五祖」。
3. 劉海蟾——王重陽——王玉陽（處一）、郝太古（大通）、劉長生（處玄）、馬丹陽（鈺）、譚長真（處端）、丘長春（處機）、孫不二（清淨）世稱「北派北七真」。
4. 呂純陽——陸西景（潛虛）世稱「東派」。
5. 呂純陽——李西月（涵虛號團陽）——吳天秩——汪東亭——徐海

印——李仲強——吳君確（修真）世稱「大江西派」。

以上文始、少陽兩大支系，皆是老子道法下傳的正統（另有老子單傳的散仙，於此不列），世稱文始派最高，少陽派最廣，其實皆是老子薪傳的法嗣。上列諸眞，多有丹經流傳後世，且道脈綿延，以「清淨無為」隱逸為尚，得者皆淡薄名利，於人事俯仰無愧之後，從事密修密證，以冀精神凝合，得之天地者，不再散歸天地；得之陰陽者，不再化為陰陽。

性而心也，以靈之中烱；命而身也，一炁之周流。終至心境朗徹，道全德備，做到一劫造成，重返天地未形之初，有志於仙道者，可歸『此』參訪真師，執『經』問難，先求通『經』以明理，後求『道法』以修真，莫再歧路徘徊自絕登真之路也。而有志弘揚中華大道者，亦應將上述仙真之正統丹經，印行推廣，濟度時賢與後昆，使「道法」綿延光大，人性與氣質雙雙昇華，臻於永恒幸福，竊以為如此之為善，實屬無上之功德也。

二、老子與道教

文・安徽李仁群

老子成為道教的教祖，即被稱為太上老君，對老子來說是一個由「人」而變成為「神」的神仙化的過程。這一過程經歷了幾個階段：

・由以老聃、關尹子、列御寇、莊周諸人為代表的道家學派。

・轉變為以彭蒙、田駢、慎到為代表的稷下黃老學派。

・隨後又轉變為申韓的刑名法術之學。

・至秦漢終於形成黃老之學。黃老之學演變為宗教，即道教的產生，是東漢末期的事情。

《史記・老子傳》中的老聃雖屬能「修道養壽」，但畢竟與神仙不同。而由「修道養壽」的老聃成為「度世長生」的教祖，首先與秦漢時期的「神仙思想」有關。東漢初年光武帝時始有「黃老養性」可以「延年度世」的說法。至明帝時，楚王英使「黃老之學」與「浮屠之言」發生聯系，乃是老子神仙化的端倪。桓帝時，朝廷幾次遣使祭祀老子，延熹九年桓帝又親自祭祀老子于濯龍宮。

至此，不但民間，官中也設立老子祠，從而使得老子與浮屠成為人們共同膜拜的對象。而祭祀老子的目的正在于『度世長生』。老子被完全神化了。公元二世紀，張道陵在成都鶴鳴山創立並傳播五斗米道，以《老子》五千文為經典，並崇拜老子，老子遂正式成為原始道教的教祖。老子成為道教的教祖，也就有了『老君』、『太上老君』等的稱呼。《黃庭外景經》、《抱朴子內篇・地真篇》和《雜應篇》都稱老子為『老君』。《老子想爾注》等則稱為『太上老君』。不僅如此，《抱朴子・內篇》還把老子描繪成一幅怪異的形象，身長九尺，黃色，鳥喙，秀眉長五寸，耳長七寸，顏有理上下徹，足有八卦，以神龜為床，金樓玉堂，白銀為階，五色雲為衣，重疊之冠，持鋒鋌之劍，有「黃童」一百二十人相從等等。

對老子的來歷自漢代起也有許多神化，先是說老子為楚苦縣人，曾為周守藏史，孔子曾學禮于他，以後又「道化成身，蟬蛻度世」。或說他無世不出，伏羲時為鬱華子。神農時為九靈老子。祝融時為廣壽子。黃帝時為廣成子。顓頊時為赤精子。帝嚳時為祿圖子。堯時為務成子。舜時為尹壽子。夏禹時為真行子。殷湯時為錫則子。文王時為文邑先生。等等。後到了晉代又說，老子是楚國苦縣曲仁里人，其母感大流星而有娠，懷了七十二年乃生，生時剖母左腋而出。由于生時頭髮已白了，故而稱為老子。

到了唐代，老子的地位就到登峰造極的地步。由于唐王室姓李，太宗自認是老子李耳之後。高宗乾封元年，帝親至亳州老君廟祭拜，追號老子為太上玄元皇帝。儀鳳三年，又詔《道德經》為上經。

·玄宗開元二十五年，詔兩京及諸州各置玄元皇帝廟一所，並置「玄學」，令生徒誦習《道德經》。

·天寶元年，詔《漢書·古今人表》玄元皇帝升入上經。

·天寶二年，追尊玄元皇帝為大聖祖玄元皇帝。

·天寶八年帝親謁太清宮冊聖祖玄元皇帝尊號為聖祖大道玄元皇帝。

·天寶十三年，帝又親朝獻太清宮，上玄元皇帝尊號為大聖祖高上大道金闕玄元天皇大帝。

宋明兩代也崇奉道教，宋徽宗、明太祖都曾親註《老子》。關于太上老君的記載亦甚多。盡管老子被視為道教老君，唐以後歷代帝王多把老子的地位抬得甚高，但老子的思想與道教並不是一回事，老子思想中有被道教運用和發揮的地方，但那並不是老子之「道家思想」。

三、《老子》一書何時稱為《道德經》

文・安徽孫以揩

現在能夠見到的最早的《老子》的傳本是帛書甲乙本《老子》。乙本上篇的尾題是《德》。下篇的尾題是《道》。但都未稱「經」。甲本則無尾題。

《史記・老子傳》也僅說：「老子乃著書上下篇，言道德之意五千餘言。」並未稱「經」。

《漢書・藝文誌》不錄《老子》本書，僅錄《老子鄰氏經傳》四篇、《付氏經說》三十七篇和《徐氏經說》六篇。但今三書均不傳，其人亦不知為何時人。

今所流行的河上公註本稱《道德經》，註者被傳為漢文帝時人。但據考證，他不過是《史記．樂毅傳贊》中的河上丈人和《神仙傳》中的河上公被人合並後，說成的一個謠傳為註《老子》的人。今所流行的河上公註本實乃贗品之贗品，被認為可能是東漢時的作品，不足為據。

漢初黃老之學流行，但也只說《老子》而未稱《道德經》。一般認為，《老子》稱「經」始于漢景帝，《法苑珠林》六十八引《吳書》說，闞譯對孫權曰：「漢景帝以黃子、老子義體尤深，改『子』為『經』，始立道學，勒令朝野悉諷誦之。」

證以《藝文誌》所載的《鄰氏經傳》、《付氏經說》和《徐氏經說》，此時也僅稱「經」，而未與「道德」二字連用。

許抗生先生認為，據《漢書．揚雄傳》引桓潭的話「昔老聃著虛無之言兩篇」，當時稱「經」並不普遍。

胡哲敷先生引證吳幼清的考證認為，《道德經》三字連用，當在西京之季。吳氏指出，所謂《道德經》乃各以篇首第一字來名篇，後人合二篇篇名而稱之。

因而，揚雄《蜀王本紀》、邊韶《老子銘》、《列仙傳》、葛洪《老子序》中都已稱為《道德經》，這是在景帝稱「經」之後，後世學者與《史記》所謂「老子著書二篇，言道德之意」合用。

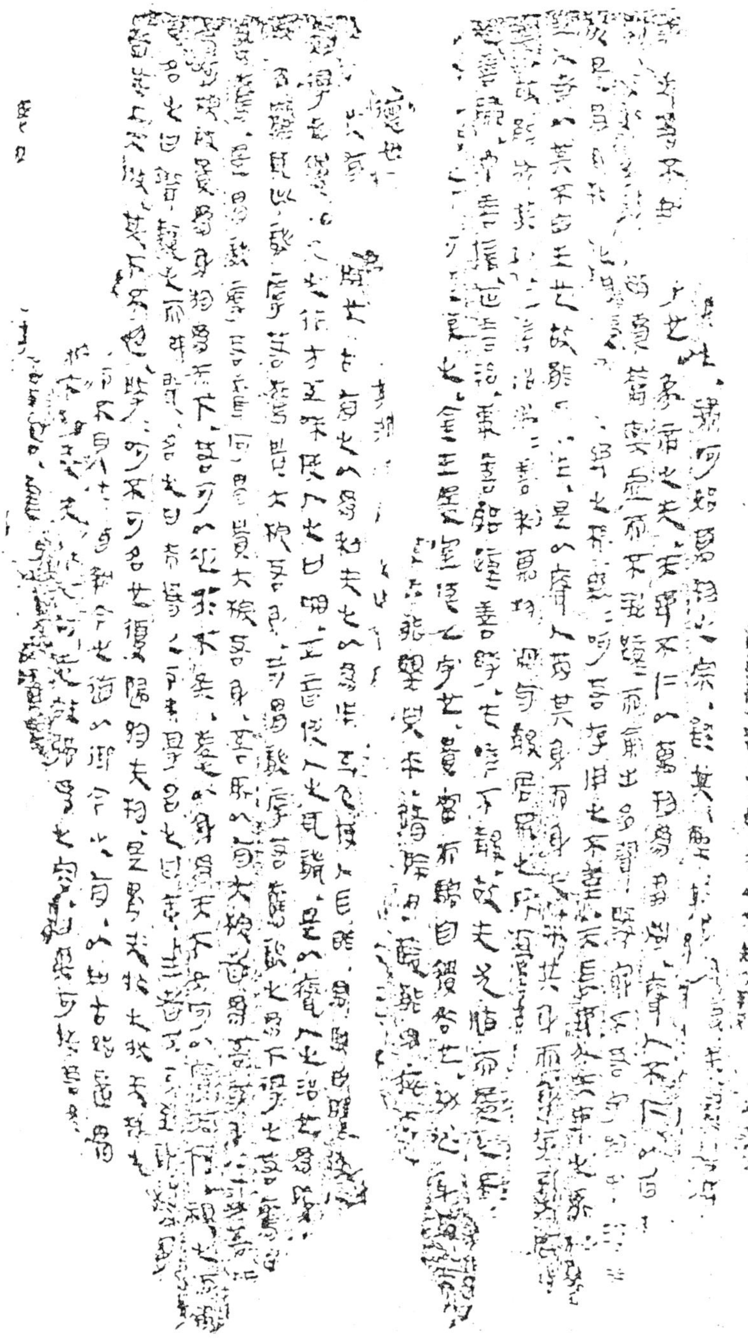

帛書「老子」甲本的一部份——湖南長沙西漢馬王堆三號墓出土的「老子」分為甲本、乙本兩種，與今日流行的版本有一定的出入，因而在文獻學上有較重要的研究價值。

四、《老子想爾註》

文・安徽錢耕森

《老子想爾註》一書，是道教註釋老子《道德經》的專著。書名全稱《老君道德經想爾為訓》。《隋書・經藉誌》和《唐書・經籍誌》以及《新唐書・藝文誌》均未著錄。這本書的作者，說法不一，唐初陸德明《經典釋文・序錄》提出張魯或劉表兩人，但傾向張魯，《傳授經戒儀註訣》也認為是張魯。唐玄宗御制《道德真經疏・外傳》和道士杜光庭的《道德真經廣聖義》以及宋代的道書，則認為是三天法師張道陵。

《雲笈七籤》卷三十三註又說：「想爾蓋仙人名。」全書二卷，早已失。直至清末始于敦煌莫高窟發現六朝抄本殘卷，保有道經註的絕大部分。今人饒宗頤先生依《老君道德經河上公章句》之次第，將敦煌殘卷連寫之經文與註，按章分別錄出，著有《老子想爾註校箋》，可資參考。

《老子想爾註》是老學發展史上用道教神學註釋《老子》，使《老子》神學化的第一部書。

「道教」一詞在宗教文獻中的出現，以《老子想爾註》這本書為最早。這本書是研究早期道教——五斗米道教義和理論的重要資料。《老子想爾註》通篇用粗俗的道教信條任意曲解、篡改《老子》。

任繼愈先生主編的《中國道教史》揭示出以三點：

首先，《老子想爾註》把《老子》書中作為最高真理的「道」，改造成凌駕于人間之上的主宰之神。

《老》：「是無狀之狀，無物之象」。

《想》：「道至尊，微而隱，無狀貌形象也；但可以其誠，不可見知也」。這樣「道」便是至尊至威，必須服從的神了。

《老》：「載營魄抱一無離」。

《想》：「一散形為氣，形聚為太上老君，常駐崑崙」，「一」就是「道」，可以化聚為有形象的叫做「太上老君」的尊神，此即道教「一氣化三清」之說。

其次，《老子想爾註》借用《老子》的詞句，闡揚長生成仙說，作者為此甚至不惜改字作解，如將「道大、天大、地大、王大，域中有四大，而王處一」中的「王」字改為「生」，並註云：「生，道之別體也」；又將「以其無私，故能成其私」的兩「私」字，改成「尸」字，並註云：「不知長生之道，身皆尸行耳」，「故能成其尸，今為仙士也」。

復次，《老子想爾註》通過註《老子》，將原書崇尚道德，經賤仁義忠孝的觀點，改造成肯定仁義忠孝。如《老》：「大道廢有仁義，六親不有孝慈，國家昏亂有忠臣」；《想》：「上古道用時，以人為名皆行仁義」，「道用時，家家孝慈」，「道用時，臣忠子孝，國則易治」。這表明張魯五斗米道吸收了儒家思想。

《老子想爾註》的上述註經方法，開啓了爾後道教詮註道家著作的一種風氣，就是望文生義、任意比附、為我所用，把道家全說成是道教神學了。

五、《老子化胡經》

文・李仁群

《老子化胡經》，是西晉惠帝（二九〇—三〇六年在位）時道士王浮所作的一部道教經典。

這部書，是中國道佛兩教關于「老子化胡」之爭的產物。佛教是一種外來的宗教，它初傳入中國之時，一方面，中國人並不了解它，就誤以為它是黃老神仙術的一種；另一方面，佛教為了能在中國站住腳，早點傳播開來，也自願依附于黃帝和老子。因此，早在東漢末桓帝時，就出現了「老子化胡」之說，即認為老子出關後，教化胡人，創立佛教。

據《後漢書・襄楷傳》的記載，他上疏說過：「或言老子入夷狄為浮屠。」三國時，魚豢在《魏略．西戎傳》也說：「《浮屠》所載，與中國《老子經》相出入。蓋以為老子西出關，過西域，到天竺，教故。」企圖宣傳浮屠與黃老同出一源，或者老子轉生論。

可見，當其時「老子化胡」之說廣為流傳了。但是，這時佛教在中國已有一定的影響，因此在東漢末年牟子在《理惑論》中開始反對老子化胡」說，開宣揚道不如佛。

到了兩晉南北朝時，道佛兩教都有了較大的發展，雙方圍繞「老子化胡」問題，展開了激烈的爭論。在這種情況下，道士王浮在與沙門帛遠爭論過程中，為了抬高道教，貶低佛教，蒐集了東漢以來各種「老子化胡」的舊說，撰《老子化胡經》，宣揚老子西出陽關，渡流沙，入天竺，化為佛陀，教化胡人，產生佛教。

因此，佛教的創立者並非是釋迦牟尼，而就是中國古代的大聖人老子。於是，在歷代道佛爭論中，此書成為道教徒借以抬高道教的地位，貶低與排斥佛教的主要論據，而佛教徒則不遺餘力地攻擊此書，竭力證明此書是偽書，並宣揚佛教先于道教，高于道教。

因此，道佛之間圍繞《老子化胡經》的真偽問題，歷代都展開了很激烈的爭論。諸如——

・北魏孝明帝時，僧人曇無最與道士姜斌，在殿庭中辯論《老子化胡經》的真偽，最後姜斌被崇信佛法的孝明帝發配馬邑。

・唐高宗顯慶五年（六六〇年），沙門靜泰、道士李榮等奉旨入宮辯論《老子化胡經》真偽。

・唐中宗神龍元年（七〇五年），詔僧道集內殿定《老子化胡經》真偽，沙門明法和道士恒彥雙方爭論不下，朝廷雖多次下詔焚毀此書，但仍有流傳。

・元代道佛屢次爭論《老子化胡經》的真偽，元世祖至元十八年（一二八一年），詔令除老子《道德經》外，其餘道書悉數燒毀，《老子化胡經》首當其衝。自此以後，這本書便亡佚，道佛關于「老子化胡」之爭也就告一段落了。

《老子化胡經》，本為一卷。後經歷代增廣改編，到唐代已為十卷本。清末在敦煌遺書中發現有唐玄宗時寫本殘卷，與王浮所撰的原本有所不同。

六、崇奉老子的唐玄宗

唐玄宗是我歷史上著名的崇奉道教的皇帝之一。他為了實行政治上的統治和企求個人的「長生不老」，而自始至終不遺餘力地崇奉道教及其教祖老子。那麼，唐玄宗是如何具體崇奉老子的呢？

第一，極其推崇《老子》一書。

玄宗認為《老子》一書，「可以理國，可以保身」。所以，他進一步認為《老子》一書應在六經之上，「豈六經之所擬，為百家之首」，「道德者百家之首」。於是他用行政命令硬性規定人們必讀《老子》一書。

・開元　九年（七二一年），玄宗命道士司馬承禎依蔡邕石柱三體書寫老子《道德經》于景龍觀石柱。

・開元　十年（七二二年），玄宗詔置崇玄學，令習《道德經》以及《莊子》、《列子》、《文子》，每年准明經例舉送。

・開元廿一年（七三三年），玄宗御註《道德經》。

・開元廿三年（七三五年）三月，玄宗註《老子》修疏義八卷頒示公卿。

・開元廿五年（七三七年）正月，玄宗在玄元皇帝廟置崇玄學，立玄學博士，每歲依明經舉。

・開元廿九年（七四一年）正月，玄宗制兩京各置崇玄學，令生徒習《道德經》以及《莊子》、《文子》、《列子》，每年隨舉人例，准明經考試。通過者准及第人處置，並置博士一員。

・天寶　元年（七四二年）二月，崇玄學置博士助教各一員，學生一百人，詔改莊子為南華真人，文子為通玄真人，列子為沖虛真人，庚桑子為洞虛真人，四子所著書改為真經，合《道德真經》為五經。令崇玄學生習之。

・天寶二年（七四三年）正月，兩京崇玄學改崇玄館，博士為學士。

・天寶十年（七五一年）四月，玄宗命寫一切道教經五部，分賜諸觀。

・天寶十四年（七五五年）十月，玄宗頒御註《老子義疏》于天下。

第二，不斷給老子封爵加號。

・天寶二年（七四三年）正月，玄宗加封「玄元皇帝」為「大聖祖玄元皇帝」。

・天寶八年（七四九年）六月，玄宗又加號「大聖祖玄元皇帝」為「聖

・天寶十三年（七五四年），玄宗再追尊「聖祖大道玄元皇帝」為「大聖祖大道玄元皇帝」。
祖高上金闕玄元天皇大帝」。

第三，各地興建並提升老子廟。

・開元　十年（七二二年），玄宗詔兩京及諸州各置玄元皇帝廟一所。
・開元十九年（七三一年）五月，玄宗令五岳各置老君廟一所。
・開元廿九年（七四一年）正月玄宗再詔兩京及諸州各置玄元皇帝廟。
・天寶　元年（七四二年）九月玄宗敕兩京玄元廟，改升為太上玄元皇宮。並且天下准此。
・天寶　二年（七四三年），玄宗詔西京的玄元宮改稱太清宮，東京的玄元宮改稱太微宮，諸州的玄元宮改稱紫極宮。並且，為各宮選配道士，賜贈莊園和奴婢等，各宮皆擬宮闕之制，祭獻太清宮之禮儀同與祭獻太廟。

第四，大量繪制老子像。

・開元廿九年（七四一年）五月，玄宗令畫老子真容，並分置天下諸州開元觀。

・天寶三年（七四四年）三月，玄宗令東西兩京及天下諸郡的開元觀、開元寺以金銅鑄老子像。

・天寶三年，又令太清宮以玉石造二丈多高的老子像。

第五、傳說老子下降顯靈。

・天寶元年（七四二年）春正月，說老子下降於「丹鳳門之通衢」，顯靈於函谷關。

・天寶七年（七四八年）十二月，說老子下降顯靈於「華清宮之朝元閣」。

・天寶八年（七四九年）六月，說老子下降於「絳郡」，顯靈於以神兵助取石堡城。

・天寶八年（七四九年）六月，說老子下降於金星洞，顯靈於聖上長生久視玉石符。

・元寶九年（七五〇年）十月，說老子下降於寶山洞，顯靈於玉石函《上清護國經》、寶卷、紀籙等。

・天寶十三年（七五四年）春正月，說老子下降於太清宮，顯靈於告以國祚延昌。

七、河南鹿邑的「太清宮」

今鹿邑的「太清宮」，其地古名苦縣厲鄉曲仁里，曾屬亳州境內，相傳為老子誕生地。道教奉老子為教祖，視「太清宮」為聖地。據史書記載，最早祀奉老子的是漢光武帝的兒子楚王英「喜黃老學，為浮屠祭祀」（《後漢書・楚王英傳》）。

・漢永平八年（六五年），漢明帝給楚王英的詔書里，褒獎他說：「楚王誦黃老之微言，尚浮屠之仁慈，潔齋三月，與神為誓」（同上）。

・漢延熹八年（一六五年），桓帝于春正月，派遣中常侍左悺，到苦縣祭老子。

・漢延熹八年（一六五年）十一月，以「使中常侍管霸之苦縣，祠老子」（《後漢書，桓帝紀》）。老子祠始建，初名「老子廟」。後來經過魏隋等朝代，都進行了修葺。

隋文帝開皇元年，詔亳州刺史楊元冑考其故迹，營建宮宇。勅內史舍人薛道衡作《祠庭頌》」（元王鶚：《重修亳州太清宮太極殿碑》，載《宮觀碑記》）。

唐李王朝，因老子同姓，遂以老子為皇族祖先，尊崇道教，將「太清宮」尊為祖廟。

・唐高祖武德三年（六二〇年），李淵追認老子為始祖，以「老子廟」為太廟，大興土木，建宮闕殿宇，不遜帝都。

・太宗於貞觀六年（六二七年——引者註）七月丙午，勅修太上老君廟于亳州《混元聖記》卷八。

・高宗乾封元年（六六六年）二月己未，次亳州幸老君廟，追號曰太上玄元皇帝，創造祠堂，稱紫極宮。《舊唐書・高宗本紀》

・武周光宅元年（六八四年），追封老子之母為「先天太后」，並於「太清宮」北建「祠霄宮」。

・唐玄宗李隆基開元十三年（七二五年），加封老子為「高上大道金闕天皇大帝」，親為《道德經》作註，御書全文鐫立「道德經註碑」一通。

・開元二十九年（七四一年）詔兩京及諸州各置「玄元皇帝廟」一所。

・天寶元年（七四二年），又命亳州真源縣（即漢苦縣——引者註）「先天太后廟」及「玄元廟」（即東漢「老子祠」）各置令一人。

・天寶二年（七四三年），改西京「玄元廟」為「太清宮」，東京「玄元廟」為「太微宮」，諸州「玄元廟」改為「紫極宮」。

・天寶二年（七四三年）九月，詔「譙郡《玄宗天寶元年（七四二年）改亳州為譙郡——引者註》」紫微宮宜准西京為太清宮，（《舊唐書・禮儀志四》）。原「老子祠」改名為「太清宮」，自此確定，相傳後代一直延用不改。唐玄宗後來又兩次親謁「太清宮」。

・天寶八年（七四九年）唐玄宗朝「太清宮」時，還上老子號為「大聖祖高上大道金闕玄元天皇大帝」（《舊唐書・玄宗本紀》）。

「太清宮」位于鹿邑縣東五公里、亳州市西十二公里的隱山上，「太清宮」規模宏大，占地八百七十二畝，樓台殿閣六百餘間，分「前宮」和「後宮」兩大部分，中間以「清靜河」為界，河上建有「會仙橋」相連。「前宮」「午門」聳立，御道坦直，「太極殿」位于中央。周圍有「七元殿」、「五岳殿」、「南斗殿」、「虛無殿」、「清靜閣」。「太極殿」中央有老子塑像，兩旁有唐高祖、太宗、中宗、睿宗、明皇像列侍左右。殿前有「八卦煉丹銅爐」一座。殿前還有「鐵柱」一根，為老子任柱下史之標誌。殿東有「九龍井」，相傳為老子出生時「九龍取水浴體」。

道士住「前宮」，道姑住「後宮」。凡有事，則以「雲牌」相互傳示。院內千餘棵古檜參天，相傳為老子親手所植。院內碑刻成林，松罩烟籠，莊嚴肅穆，蔚為壯觀，盛極一時，有兵士五百人鎮守。但唐末毀于兵火，幾成廢墟。

此後直至清代，累遭兵火，雖不時有所修葺，但與唐宋盛況相比，「僅存升一于斗百也」。現存正殿五間、古柏二株、鐵柱一根、歷代碑刻八塊，為河南省文物重點保護單位。近年來，業已修復了「太極殿」、老子像、山門和圍墻。

老子之出生地之考，據台北市馬炳文之考證認為，楚縣為今安徽渦陽縣，而河南省鹿邑縣為老子傳道的地方。故渦陽縣為「太清宮」，鹿邑縣為「中太清宮」。

八、論老子在函谷關

文・河南趙來坤

《史記・老子列傳》載：老子修道德，其學以『自隱無名』為務。居周久之，見周之衰，乃遂去。至函谷關，關令尹喜曰：「子將隱矣，疆為我著書」，於是，老子著書上下篇，言道德之意五千餘言。

宋・陳景元《道德真經藏室篡微篇》載：老子於周昭王二十五年癸丑，五月二十九壬午，乃乘青牛，薄輦車，徐甲為御，遂去周，至七月十二日甲子，老子到函谷關。尹喜擎跽曲拳，邀迎就舍，授道德兩篇於靈寶縣北坡頭鄉王垛村太初宮前。

元大德四年（一三〇〇年）《重修太初宮碑》第七行：至日顒俟，果逢太上駕青牛，薄輦車來，即迎拜邀幸所居。

這些史料和文物均說明地老子在函谷關著寫了彪炳後世的《道德經》。但是，細考起來，又有許多疑點：

一、司馬遷在《史記・老子列傳》裡說了三個人：老萊子、老儋、隱君子。是哪一個在函谷關著經呢？司馬先生可沒有具體說清。

二、許多史書說函谷關是秦窺天下，置函谷關防御山東六國的，老子「居周久之」，說明老子是周人，那麼周時若沒有函谷關，周人老子怎麼能在函谷關著經呢？

三、海內外道學人士來鹿邑、靈寶紀念老子誕辰二五六三——四周年，說明老子生於公元前五七一年，而史料和文物資料怎麼說：「周昭王二十五年

（公元前九七五年）過函谷關呢？」

四、自先秦以來，研究老子的道家真人，當推崇宋朝陳景元道士了。宋神宗聞其讀書不倦，召對天章閣，累遷至右街副道錄，賜號真人，在宋時，是一個行走百檐經史的學者。他在當時著寫的最有權威的《道德真經藏室纂微篇》內邊就老子其人的出生問題就有三個時間，且檔距相差甚遠。一說降生商室。二說生於商十八王陽甲之十七年（前一三一四年）。三說生於商二十二王武丁之九年（前一二四五年）。按這三個時間，最晚的一個，老子出生到現在也應是三千二百多年，過關時最起碼有七百多歲，如何寫《道德經》？

所以鄙人認為「老子在函谷關著《道德經》」本身就是三個論題：

①《道德經》是不是老子李耳寫的？

②是不是在函谷關寫的？

③《老子》與《道德經》的關係如何？

要解決這三個問題，必須弄清：

①函谷關的建關時間。

②老子其人。

③《老子》與《道德經》的關係。

就以上問題。據鄙人孤陋寡聞的認識，試論如下：

甲、函谷關的建關時間

要考函谷關的建關時間，還存在著以下兩個問題：

1.爲什麼叫函谷關？爲什麼建函谷關？爲什麼在王垛這個地方建關？

‧《戰國策》載：「自潼津以來，皆為函谷，古之桃林」。

・《辭海》釋為：「因關在谷中，深陰如函而得名。東自崤山，西到潼津，通名函谷，號稱天險」。

這條函道是古時通洛陽達長安的必經之路，特別是春秋戰國時期的車戰，必須有路，這條深險如函的道路，東西四百里，且靈寶這裡，北為黃河，南為秦嶺，悠長的古道西邊弘茫漫蒼暮，東有弘農澗河以水相隔。

在這個地方設一關卡，形成了東臨弘農澗，河寬流急：南依秦嶺，巍峩挺拔；西靠衡嶺，延綿逶迤；北瀕黃河，濁浪滾滾；兩邊懸崖峭壁，刀劈斧斫；道邊嶺原松柏蔽日，幽深莫測；關樓高約十餘丈，雄偉高大，城池大深，堅固險峻。

關前彈丸之處，歷來皆為兵家必爭之地。可謂「一夫把關，萬夫莫入」。在歷史上，誰得到了函谷關，誰就掌握了戰爭的主動權。因此，函谷關在中國歷史上亨有盛名，為歷史發展變化的重要舞台之一。

2.什麼時間建函谷關？

・清乾隆十二年《靈寶縣誌・沿革誌》載：「靈寶在夏商為豫州地，周為畿內，置函谷關」。

・同書《統轄》：「虞夏屬豫州為侯服，商為桃林。周克殷歸，放牛於此（見《書・武成》），置關於函谷（今縣商十二里）（即今靈寶市北坡頭鄉王垛村的函谷關，舊縣城已被三門峽水庫淹沒，筆者註。）設令以守。後令尹喜遇老子著《道德經》五千言」

・同書《表圖》：「桃林，周，畿內。函谷關。」

・《括地志》曰在桃林縣南十二里（原老靈寶縣城），關令尹喜遇老子於此」。

・《左傳》載：「春秋時，晉文公十三年（公元前七六八年）使詹嘉處瑕守桃林塞，控秦不得出。」

・今人荊三林先生在《考古通論》中說：「關塞起源於殷、周，稱桃林地，為桃林塞。周武王伐殷，出函谷大會諸侯於孟津，克商，放牛於桃林，即設專門管理關塞的司險，桃林塞已成為重關。」這些記載均說明現在靈寶市北坡頭鄉王垛村中的古函谷關始建於周。那麼，春秋時的老子李耳過函谷關就有可能了。首先，這裡已有了函谷關，當然就有了關令，與《史記・老子列傳》的「居周久之，見周之衰，乃遂去。至關，關令尹喜請為著書，於是老子著書上下篇，言道德之意五千餘言」史料相吻合。

乙、老子其人

老子是誰？啥時人？與在函谷關著經的作者是什麼關係？據《史記・老子列傳》載：「老子著，楚，苦縣厲鄉曲仁里人也。姓李氏，名耳，字伯陽，謚曰聃，周守藏室之史也。」這似乎就交待的很清楚了，但是，司馬遷是當時非常謹慎的史學家，除記載這些可信的史實外，對一些傳說，雖屬可疑，但為慎重起見，還是用疑筆把它們都記了下來，讓後人知道。

他所記載的關於老子其人的傳說還有三種：①說老子是老萊子；②說太史儋即老子；③說老子是隱君子。司馬遷這麼一記，倒引起了史學界兩千多年來唇槍舌劍般的論戰。其實，司馬遷早曾認為老萊子不是老子。

或曰，老萊子亦楚人也，著書十五篇，言道家之用，與孔子同時云。是說老萊子著書十五篇，不是上下篇；但老萊子也是楚國人，也姓老，也是道家人物，又與孔子同時，所以，才造成誤會，且後人據此疑筆，作為論證老子與老萊子是一人云云。

另據《仲尼弟子列傳序》中說：「孔子之所嚴事，於周則老子，於楚則老萊子。這兩文說明老子與老萊子是兩個人」。再則：「或曰大史儋即老子，或曰非也，世莫知其然否」之段，是司馬遷「以疑存疑」的記載，卻引起了清代以來學術史上兩百多年的論戰。論戰的一方以汪中、梁啓超、錢穆、羅根澤為代表；另一方有馬叙倫、高亨、詹劍峰等人。

汪中、羅根澤等人根據《史記・老子列傳》說：老子之子名宗，宗為魏將，封於段干的話，認為李宗就是《史記・魏世家》所記的魏安厘王四年（公元前二七三年）被封於段干的段干崇（古時崇與宗通用），李宗就是段干崇。既然，老子的兒子李宗在公元前二七三年才被封於段干，那麼老子就不會是兩百年前春秋末年的那位老聃，而只能是公元前三七四年入秦見秦獻公的太史儋。這似乎成為老子就是老萊子的定論了。

但詹劍峰說，從太史儋入秦（前三七四年）到段干被封（前二七三年）其間相距一百零一年。假定太史儋四十五歲左右入秦，在三十五歲左右生李宗，那麼到李宗被封時，也當有一百一十五歲了，這是超出常理的，可見李宗並不是段干崇，也就是說老子李聃不是太史儋。

其三，汪中說：司馬遷說「老子隱君子也。」老子是周之王官，可見老聃不是老子。經過馬叙倫、高亨、詹劍峰等考證指出：老聃早年為周守藏史，是王官，晚年辭官退隱，並不矛盾。《史記》說老聃西渡過函谷關，正是辭周歸隱，說是隱君子也正確，所以說老子隱君子也有道理。這樣綜合論證起來，說明老子姓李，字聃，就是在函谷關著《道德經》的道教創始人。

再從老子生年來看，涉及到先秦遺留下來的文獻資料，給人遺留下了許多的問題。關鍵一個徵結是老子生年。陳景元說商陽甲、武丁九年（前一二四五年）、紂二十一王等，相差幾十年，究其真偽，誰是誰非？若是商生，那到昭王二十五年，老子過關應是二七〇餘歲，這可能嗎？再則周昭王共做了二十四年，說昭王二十五年，倒不如說周穆王元年呢！

再則，周武王姬發滅紂後，勵精圖治，撫順萬民，從姬發（公元前一〇六六年）登基到昭王二十四年（前九七六年）穆王元年（公元前九七五年）的四個皇帝九十一年中，正是歷史上有名的成康盛世，並不是「周室將衰」，而是周室正盛，老子也不是「居周久之」；再則司馬遷在《史記・老子列傳》裡還談到孔子向老子問禮一事，據孔子生譜證，孔子生於公元前五五一年，而公元前九七五年是老子過函谷關時，孔子還沒出生呢，怎麼能在四〇〇多年前向老子問禮呢？故本人認為司馬遷講的可信，宋陳景元說的與史實大相徑庭。

既然老子就是姓李名耳，字聃，號伯陽的一個人，是在函谷關著《道德經》的老子李耳。那麼，老子生于何年？又是哪一年過函谷關為尹喜著《道德經》的呢？據今人孫以楷先生在《老子百問》自序裡說：「針對《史記・老子列傳》的不足，總結近二百年來學者們研究老子其人其書的成果，提出了老子生於公元前五七一年。宋國相人小名李耳（小老虎）。」

因為生老子的公元前五七一年是庚寅年，也就是虎年，親友叫他小李耳，就是「小老虎」的意思。當時江淮之間人們把老虎叫狸兒（楊雄《方言》：「虎——陳、魏、宋、楚之間，或謂之李父；江淮南楚之間，謂李耳。）」老聃的家鄉曲仁里一帶也是把虎叫做李耳。按照方以智的說法，人們把虎喚作：「狸兒」，因音近，聽起來也就成了「李耳」。方以智還在《通雅》卷四十六：「虎或曰狸兒，轉為李耳。」

還據老子生下來耳朵闊大，給他取名聃，就是耳朵漫大的意思，也就是說耳朵大垂。說明老子也是一個人，並不是虛無漂渺的傳說的神仙。

老子出生的那一年（公元前五七一年），正好是周平王東遷到洛陽第十一個皇帝周靈王登基的那一年。東周十四個皇帝共統治天下二九五年，就被諸侯瓜分了天下，社會性質也由奴隸社會變為了封建社會，真可謂老子居周久矣。當時，景王、悼王、敬王，為爭帝權，明爭暗鬬，你圖我害，導致國家將衰，而在敬王二十九年，為人謙合、尚懂周禮的老子，看不慣昏庸腐敗的朝庭與諸侯紛爭的時局，不願與世相爭，故西渡隱居。

他為什麼西渡呢？按他的理想社會應是小國寡民，民不應犯上。認為西域民眾愚昧，想通過以「道」和「德」教化那裡的民眾，使其安分守己，過著他所想像的隔河相望、雞犬相聞、老死不相往來的小國寡民生活。正好到函谷關遇到了與自己意愿相符的關令尹喜，二人相談投機，才為其著出言「道德」之意的五千言《道德經》。

根據司馬遷《史記・老子列傳》所說的事實和歷史考證的結論，認為老子來函谷關的具體年號應是公元前四九一年，我的根據是靈寶市北坡頭鄉王垛村太初宮前東南側有一座元大德四年重修太初宮時所立的《重修太初宮碑》。該碑為青石勒成，額為雙龍下垂，盤卷浮雕，半圓形體，正中篆書《重修太初宮碑》：身為堅長方體，高二・三七米、寬一・一米、厚○・三八米；座為縮頭贔　，長一・七米、高○・五五米、厚一・一二米。碑文為楷體陰刻，字體端莊秀麗，上有「周昭王二十五年，尹喜為關令，望東方有紫氣，曰：『當有異人來過是也。』至日顒俟，果逢太上駕青牛，薄輦車來，即迎拜邀幸所居，清齋以事，此地即尹喜之故宅也。」

該段說明這麼幾個問題：

1. 老子來過函谷關；

2. 周前就有函谷關；
3. 當時關令是尹喜；
4. 當時函谷關就有一定規模，有關吏、街道等；
5. 在此著過經。但有一個問題，是說周昭王二十五年。

關於此年號前文已駁，所以我認為應是楚昭王二十五年。根據是：

1. 該碑立的較早，是元大德四年（即公元一三〇〇年），與史書周昭王二十五年相吻合，均取周昭王年號。
2. 老子是楚國人，寫老子用楚年號吹捧楚國賢人。
3. 楚國是周的小國，用了大周年號。
4. 若斷句斷成「周昭王二十五年」就成了周代，（楚國）昭王二十五年了。
5. 周昭王二十五年是公元前九七五年，那時老子（生於前五七一年）

，還未生出，怎會出關？且正是周室將衰，奴隸社會全面崩潰，進入戰國時代，封建社會興起，老子此時渡到函谷關與史書吻合，與世情相符。

並且當地還留有很多與此段歷史有關的傳說與遺迹：

• 其一，瞻紫樓，為當時關令尹喜發現東方有「紫氣圍繞」，向西飄游現象的一個「觀望土台」，當地人叫望氣台，即「見東方有紫氣」的意思。後人在望見紫氣的地方建起瞻紫樓。
• 其二，太初宮，為老子在函谷關為關令尹喜著寫《道德經》的地方，歷代都有修復，現存有元、清兩代重修太初宮的石碑兩座。
• 其三，太初宮前柱礎為唐代建築材料，至今保存好。
• 其四，太初宮東側原有老子為尹喜著書時栓牛的地方，後人修有青牛觀，以後訛傳為「青油罐」，雖已頹毀，但人們還都知道該處有些名堂。

・其五，這裡還流傳著：「新春正月二十三，天上老君煉仙丹，家家門上貼金牛，一年四季保平安」的習俗。是說老子來函谷關那年正流行瘟疫，關內多人斃命。老子的坐騎青牛也有了病，郎中來後，牛咔出一個肉團（即牛黃），牛病即好。其肉團為關內多人醫好了疾病。因為當時醫療水平和條件較差，人們只當那肉團是老子為窮人煉的仙丹。

・其六，靈寶方圓百里民間流傳「七十三，八十四」是門檻。說人到七十三歲便死，不死過不了八十四，說聖人孔子活了七十三，老子活了八十四，這兩位聖人到此年齡都過不了這個關卡，何況凡人呢？故留下「七十三，八十四，閻王不叫自己去」的民謠。還有許多民俗均是老子來函谷關留下的延續。

丙、《老子》與《道德經》的關係

一九七三年，中國考古重大發現的長沙《馬王堆漢墓帛書老子》。還有韓非《解老》、《喻老》。河上公《老子章句》、《老子道德經》。直到初唐傅奕的《老子古本篇》是根據北齊武平五年項羽妾冢所得的抄本，參之以寇千之所傳安丘望之本和仇獄所傳河上公本校定而成的。與魏晉以來較為流行的河上公註本和王弼的註本有很大的不同，河上公註本文句簡樸，傅本則文辭蔓延，因而人們認為簡朴者較古，傅本應在河上公註本和王弼註本之後，更有人明確提傳出本就是依據王弼註本發展而來的。

張岱年先生認為一九七三年馬王堆漢墓出土的帛書《老子》才是古本，進而認定傅奕所依據的是古本。

傅奕校訂時把《老子》分為《道篇》、《德篇》與一九七三年十二月長沙馬王堆三號漢墓出土的兩種《老子》的帛書相似。抄寫本分別稱之為「甲本」和「乙本」。甲本字體介於篆隸之間，乙本字體為隸書。甲本不避漢高帝劉邦諱，乙本則避劉邦而又不避漢惠帝和文帝諱，該墓墓主為文帝時人，故而人們認為甲本必定抄於高帝以前，乙本則在甲本以後，但與甲本相隔不遠。

帛書《老子》出土後，一九七四年九月，文物出版社首次影印出版馬王堆漢墓帛書《老子》原文，一九七四年第十一期《文物》雜誌登載了《馬王堆漢墓出土（老子）釋文》，一九七六年三月，文物出版社又出版了《馬王堆漢墓帛書（老子）的釋文和註釋》，書後附有帛書《老子》「甲本」「乙本」與唐傅奕本的對照表，許多專家學者及港台和海外學者對此十分重視。台灣老學專家嚴靈峰先生著有《馬王堆（老子）初探》，陳鼓應先生在其《老子註釋及評介》再版時增補了帛書《老子》的釋文，大陸學者張松如、許抗生先生等學術界專家圍繞帛書《老子》進行了頗有價值的爭論，因而出現了帛書《老子》、韓非的《解老》、有前《德篇》後《道篇》。河上公、王弼、傅奕的前《道篇》，後《德篇》。

同時有人主張，既然帛書本《老子》是最早的抄寫本，因而應該依據它的篇次，改《道德經》為《德道經》。但多數人還是主張稱其為《道德經》。乃是據于全書的思想內容和精神實質而言的。均認為是《老子》稱經始於漢景帝《法苑珠林》六十八引《吳書》說：闞澤對孫權曰：「漢景帝以黃帝、老子義體尤深，改子為經，始立道學，勒令朝野悉諷誦之。」胡哲敷先生引證吳幼清的考證認為，《道德經》三字連用，當在西京之季。吳氏指出，所謂《道德經》乃各以篇首第一字來名篇，後人合二篇篇名而稱之。因而，楊雄《蜀王本紀》、邊韶《老子銘》、《列仙傳》，葛洪《老子序》中都已稱為《道德經》，這是在景帝稱「經」之後，後世學者與《史記》所謂「老子著書二篇，言道德之意」合用，相習為名。

從以上淺論，可見在公元前四九一年，東周柱下史老子李耳，字聃，看到周室將要衰落，就棄官西渡。農曆七月十八日，來到河南靈寶市北坡頭鄉王垛村的函谷關，關令尹喜見老子氣宇非凡，銀鬚飄逸，知是貴人。相談後，感情相投，懇求為其著寫治世之道。於是，老子在此寫下了上下五千言說明道德之意的《老子》一書。於十二月二十八日離開函谷關去西域。以後此書被文人墨客及朝庭官宦像捧《列子》、《孔子》、《孫子》、《墨子》、《莊子》等一樣，奉《老子》為至寶，潛心研究，並各取《老子》上下篇首作名，才有《道德》。後到漢景帝時改子為經，方改《老子》為《道德經》，還開始立為道學。在朝野悉諷誦之。

以後到唐代更是將《道德經》推崇得不可一世，玄宗認為其書「可以理國，可以保身」，並認為《道德經》在六經之上，曰：「道德經百家之首」。用行政命令手段硬性規定人們必讀《道德經》一書，還於開元九年（公元七二一年）命道士司馬禎依蔡邕石柱三體書寫《道德經》於景龍觀石柱，開元十年（公元七二二年）詔置崇玄學，令習《道德經》，每年准明經例舉選等，使其達到登峰造極的地步。一直到現在，人們還把《道德經》作為精神文明建設的原始依據，使其廣泛傳播開來。

九、道教第一福地——樓觀台

樓觀台相傳是我國道教最早的宮觀，被尊為道教發祥地之一；原為周大夫尹喜觀星望氣之所，太上老君講經聖地，現為全國道教重點宮觀之一，屬陝西省重點文物保護單位。

樓觀台位于陝西省周至縣東南二十五公里的終南山麓，距古都西安七十公里。據《終南山說經台歷代真仙碑記》載，樓觀起始于周康王，增建于秦漢，擴建于唐代。巨殿崇觀相屬，亭台樓閣相連，綿延周圍百餘里，更兼終南千峰疊翠，清泉溪流縈繞，青松挺拔，竹林茂密，景色幽美，素有「仙都」、「洞天之冠」和「天下第一福地」之美稱。還有「關中河山百二，以終南為最勝。終南千里茸翠，以樓觀為最佳」之說。

據宗聖宮碑記載，周康王時，天文星象學家尹喜，在今之樓觀說經台處結草為樓，每日登草樓觀星望氣，精心聖道，因而得名草樓觀。唐時稱古樓觀或樓觀。樓觀一詞初見於《樓觀傳》「魏元帝咸熙初（約公元二六四年），道士梁諶事鄭法師于樓觀」。

據傳老子西遊由楚入秦，經函谷關。一日函谷關令尹喜，忽見天空紫氣東來，吉星西行，他預感必有先聖經過此關，于是前往迎老子來到樓觀，執弟子禮，請著書，老子遂以《道德五千言》授之。

東漢順帝（公元一二六——一四四年）時，天師張道陵在四川鶴鳴山創立五斗米道，奉老子為教主，尊為太上老君，以其《道德五千言》為主要經典。六朝時，道教發展很盛行，其教理教義、經典等各方面都更完善豐富。

北朝時著名道士多雲集于此，樓觀成為當時的道教勝地，對道教的發展具有較大影響，並形成了在當時頗有聲譽的「樓觀道」。樓觀道的主要經典是《西昇經》，倡導「我命在我，不屬天地」的積極思想。它是世系最悠久的道派之一，後世道教中的混元派和尹喜派都是淵源這一系派。《終南山說經台歷代真仙碑記》稱「樓觀為天下道林張本之地」。

道教宮觀起源於樓觀。據《混元聖迹》載，秦始皇二十八年壬午（公元前二一九年），封禪泰山後，即在樓觀之南修築清廟，祭祀老子。又傳說漢武帝於說經台之北，建造老子祠。唐朝統治者尊奉老子為宗祖，唐高祖時，賜地十餘頃，修建宗聖宮，即「祖宗聖賢」之宮，宮內供奉老子像，並以帝像陪祀。武德三年（公元六二〇年）改樓觀為宗聖觀，武德八年（公元六二五年）建《大唐宗聖觀記》碑，以後道教祀廟遂稱宮，亦稱觀或道宮，道觀、宮觀之名，也由此沿襲下來。

古樓觀的中心是宗聖宮。據說唐高祖統一全國後，因圖報在隋唐戰爭中得到樓觀道士資助糧草之恩，又尊奉老子為宗祖，於武德年間（公元六一八年—六二六年），在說經台以北二里處的西巷村東，修建一座宏偉的祖廟——宗聖宮。當時主要建築有文始、三清、玄門等列祖殿，還有紫雲衍慶樓和景陽樓，以及真宮堂、齋心堂、亭、台、池、洞等五十餘處，常住道眾二百餘人，成為古樓觀的中心。

《關中勝迹圖志》記載：樓觀在明末時期的景象是：「觀前為四子堂及文始、三清二殿，再進為望氣樓。右殿曰景陽，有丹井。左殿曰寶章。

後為宗聖宮，宮內林木翠繞。台踞高崗之上，曰說經台。樓殿凌空，金碧溢目」。樓觀雖經歷代修葺，但屢遭天災兵燹，至清末，宗聖宮僅存殘垣斷壁，一片廢墟。樓觀中心便由宗聖宮轉移到說經台。清末以後，樓觀台便專指說經台了。

樓觀古有三台之說：元代古樓觀集聚了許多有名道士，為實現老子「一氣化三清」之說，觀覽山勢，確立三台之稱，即東台為元始台（今之仰天池）。西台為靈寶台（今之西樓觀台）。中台為道德台（即說經台）。後人又將東台與中台合稱為東樓觀台（即道德台）。靈寶台稱西樓觀台，屬東樓觀台下院。

樓觀從周秦以來，歷經二十多個朝代，它的興盛時期是在唐朝。宋時曾改名為「順天興國觀」。金哀帝天興年間（公云一二三二年—一二三四年），樓觀殿宇在戰亂中，焚毀殆盡。元定業後，多次修建，其規模可與唐時盛景相媲美。明清之際，雖有修復，但又屢遭天災人禍，樓觀遂趨向衰落。

樓觀台自古以來，就是道教著名宮觀。現存的道教遺迹有老子墓、說經台、煉丹爐、化女泉、上善池、仰天池、呂祖洞、吾老洞、宗聖宮、鎮仙寶塔、古銀杏樹、繫牛柏、三鷹柏等。在西樓觀台的東北方（就峪口遇仙橋以西）有一座老子墓，墓為橢圓形，冢方四米，占地二十平方米，墓前有清代畢沅書「老子墓」碑石（殘塊）。在西樓觀台的頂峰有一個「吾老洞」，洞內方圓不過一丈。《周至縣誌》說：「此為老子藏丹之地」，又說「裡邊有一石匣，匣內裝有老子頭骨」。

說經台，即老子為尹喜講授《道德五千文》之處，是現今樓觀台的中心。它建在海拔五百六十米的峰頂，南依秦嶺，北瞰渭水，山峰疊巒，氣勢雄偉，茂林修竹，風景迷人，更兼說經台庭院古木參天，清靜幽雅使人如臨仙境。宋蘇軾曾咏詩云：「此台一覽秦川小，不待傳經意已空。」說經台主要殿堂有四，即老子祠、斗姥殿南北層列。救苦殿座南向北。另居一宅靈宮殿在山門下座東向西。配殿有二，即太白殿、四聖殿，分列主殿兩傍。山門兩側有鐘、鼓二樓，對峙相望。山門前，有石階盤道，蜿蜒而上至台頂。如今之說經台修葺一新，顯得更加雄偉壯觀。「仙都」、「天下第一福地」之千古佳稱，得以名實相符。

站在說經台南門前放目南望，就會看到南面峻峰上，有一座八卦形的老子「煉丹爐」。台的東南方有一個當年老子打鐵焠火的「仰天池」，池的附近有老子修真養性的「栖真亭」。台的西邊有老子為考驗弟子徐甲，插杖成泉的「化女泉」，其泉水清冽，今天仍供周圍群衆飲用。

說經台之北二里處為宗聖宮遺址。臨觀遺址，首先映入眼廉的，便是那些蓊郁青翠，蒼勁挺拔的古柏，它們散佈在古樓觀主體建築宗聖宮的遺址上，最少的也度過千多年了，時移世遷，風雲變幻，它們堅根故土，不曾動搖一步，當地群眾頌其堅貞，給它們送了一個雅號叫「樓觀九老」。其偏東有一棵老子入關繫牛的「繫牛柏」，樹下留有元刻石牛一頭。遙看遺址西南隅立著三只昂首展翅，姿態各異、活靈活現的蒼鷹，若走近細觀，原來是三塊結瘿。這栩栩如生的「三鷹」不似雕鑿，貴在自然，人們便稱之為「三鷹柏」。還有那遍山的翠竹和枝葉繁茂、別具風彩的古銀杏樹，這些就是人們常說的樓觀台之「三寶」。

遺址上還有歷代碑石七座，其中有元代的《大元重建聖宮記》碑，《先師碑》，《繫牛碑》，《尹真人碑》，《重修文始殿碑》等，均是我國古代碑石珍品。

由于樓觀台處于終南山麓，幽壑林泉，山清水秀，富有天然景色：又有周秦遺墟，漢唐故迹可尋，歷代文人墨客多來此遊覽參拜，留有詩詞字迹碑碣石刻七十多件，其中珍品有唐歐陽詢撰書《大唐宗聖觀記碑》、載伋隸書《靈應頌》、蘇靈芝行書《唐老君顯見碑》、員半千隸書《唐宗聖觀主尹文操碑》；宋米芾行書《第一山》、蘇軾行書遊樓觀台題字以及宋書法家薛紹彭的楷書刻石三塊；元趙孟頫隸書「上善池」石碑一通和高翿梅花古篆書《道德經》碑等等。還有唐皇帝李隆基及著名詩人李白、白居易，宋代蘇東坡、蘇轍，以及元、明、清許多名人的珍貴墨迹。

近幾年來，在政府和文物部門的支持和配合下，說經台已修整復舊貌，宗聖宮遺址也進行了初步復修，文物古迹得到保護，吸引了不少善男信女和中外遊客前來參拜遊覽。樓觀台道眾過著正常的宗教生活，繼續發揚道教優良傳統，謹尊《老子》「一曰慈；二曰儉；三曰不敢為天下先」的

「三大法寶」，「保而持之」，勤勞生產，自耕自食，行醫施藥，集資興學，造福後代子孫。

十、重建中太清宮——振興祖庭

文・馬炳文

太上老子是中國最偉大的聖人，他將「大道」的本體及應用，普運慈悲救世度人的婆心，以身教、言教留給我們芸芸眾生，教導我們如何自度度人，如何法天則地，如何塵視六合，如何天人合一，這種「道通天地」「連貫萬有」「知常返本」的教化，絲毫不屬於迷信神話之流，人能獲致其道統真傳，修而得之，不但可以用作修、齊、治、平，並且可以變化「氣質」成為「靈質」，回到先天元始的上界故鄉（因為人之「性靈」乃「大道」的賦予，其形骸亦是先天的蛻變），是以歷代帝王（尤以唐宋為最）及大臣庶民無不對老子敬崇有加。

老子為世界宗教中閃爍無比的上聖，它東訓尼父，西化金仙，在唐宋時代，太上出生的聖地——安徽省渦陽縣（古名——苦縣、亳縣、真源縣）太清宮，殿宇巍峨莊嚴，為帝王臣民朝聖參拜之所，亦是人民精神嚮往的聖地，不料元朝之後，被尊為太上道祖的祖庭，宮殿毀圮不堪入目，荒煙蔓草。試思聖道不彰，人民歸宿管道破損，人心不得安寧清靜，如何能長治久安？如何能獲致真正幸福？因此希望愛國、愛世、愛人的有識之士，回顧大唐澄平之治的由來，同展巨眼；以及海內外尊道重德的仁人君子，匯心集力，重建祖庭。將老子經典，鏤巨石立於祖庭之中，留傳於千秋萬世，諸君當可預料祖庭恢復鼎盛之時，必是中國國運最鼎盛之日，亦必是中華文化最鼎盛之期，更必是世界同沐道風臻於太平安樂的盛世時代來臨了！

我中華民族，在上古時代，即以「道」治天下，民風淳厚，希求「本性」之自然純真，「心地」之寧靜安閑，以冀精神昇華，與天地「於穆不二」之真，合而為一，因之：元首安於上，萬民樂於下，所謂「天人合一」，「不識不知，順帝之則」者是也。

大道廢，仁義興，隨流為封建制度之人治時代，於是天人合一之學，黯然不彰，自然無為之道，亦為浮雲遮敝，上天不忍見我中華艮古之道風，從此渙散，於是天縱聖人──老子降生，居卑養德數百年，曾為周朝之小官──柱下史，抱道隱居盤旋於渦陽、亳縣、鹿邑三縣之間，韜光養晦，成就無上之道德與智慧，及其遠離中土，擬西行弘法，路經函谷關而被關令尹喜發現，乃延入關中著道德經五千言，並將修煉心性之至高道法傳授關尹子，關尹子記之曰西昇經，（嗣後老子又將道法傳授東華帝君王少陽）此乃老子遺留給我中華民族後代子孫無價之寶貴資產。

老子之學，如今已彰明於世界，唐末之世，備受皇室無上尊崇，而歷代以老子心法修道有成之仙真，所著之丹經道書，洋洋乎充於一部道藏之內，於是後人咸尊老子為神仙宗伯，又曰道祖，與儒、釋、耶、回四大宗教並馳名於世界。

當今之世，儒、釋、耶、回各教教主，皆有出生聖地之建築，而為各教善信所嚮往，唯獨道祖出生之地則一直存疑且甚少人論及。為此，余多年來查經引典，為老子之出生地作深入考證並與台灣及香港慕道人仕多次分別到河南省鹿邑縣及安徽省渦陽縣作實地考察。再經國內專家據史料及渦陽縣出土之文物再三考辨，認為老子出生地應在渦陽縣境內之「天靜宮」。遺憾者，「天靜宮」（俗稱「中太清宮」）因荒廢已久，不堪入目，同人等有鑒及此，心中無限惻然及愧疚。

於一九九二年乃連絡台灣香港慕道人士與安徽省渦陽縣所成立之「安徽省渦陽縣重修老子故里中太清宮籌備委員會」簽訂協議書，並獲中國國家文物局批准，由渦陽縣無償提供土地，海外港、台、星、馬、巴西、菲律賓等各地，發起募捐，除已在台灣成立「重建老子中太清宮籌備委員會」並募得新台幣數佰萬元外，且在香港獲社團註册處及香港稅務局批准成立為免稅慈善團體以便募損重建費用。善長之捐款可按香港稅務條例獲免稅。

重建中太清宮（天靜宮）全部工程初步預估，約需美金肆佰萬元。並預定於五年時間完成，而我方向有關當局承諾募化之基本數目為美金壹佰萬元今已募足，即將展開初步工程即老君殿、靈官殿、三清殿及道士和訪道人士住宿設施，如有多募，悉數捐作廟內神像、祭壇等室內設置及其餘建廟工程之用。

由於安徽省繼洪澇災害，再受乾旱之苦，地方政府財政捉襟見肘，若要完成此偉大工程，有賴海外善長多作捐助。敬祈港、台及海外各地之道場前輩

工商領袖

企業巨擘

仁人善士　鼎力支持，解囊捐輸，以完成是項偉大工程之重建，使道祖光輝照耀世界，相信此舉，奉獻心力者，必可德從此積，福自天申，並可直接與太上道祖結緣於無形中也，是為序。

台灣中華道教學院教授

重建老子中太清宮（天靜宮）籌備委員會名譽主席兼發起人

馬炳文謹序於一九九二年

◎老子故里中太清宮（天靜宮）重建計劃草擬

根據重建老子故里中太清宮（天靜宮）之設計師東南大學建築系潘谷西教授稱此番重修，按「中國第一宗教」聖地的要求，依其極盛——北宋敕修時的規制予以修復。

工程初步建議將分三步實施：

第一步，完成老君殿（正殿）、三清殿及客房，估計約需人民幣柒佰萬元（約美元壹佰叁拾萬元）

第二步，完成東嶽廟、藏經樓庭院、無憂園（流星園及九龍井）、聖母殿及生活服務設施。估計約需人民幣伍佰萬元（約美元玖拾叁萬元）

第三步，完成鐘樓、碑亭、欞星門、牌坊、照壁、橋以及沿河園林建築。估計約需人民幣貳佰萬元（約美元叁拾柒萬元）。

以上各項建築估計共需人民幣約壹仟肆佰萬元（約美元貳佰陸拾萬元

）。廟內設置、道路、水電、環境綠化等基礎設施費用另計。整項重建工程之上蓋建造費用約需美元肆佰萬元。

十一、重建「天靜宮」之我感

文・香港侯寶垣

㈠邊昭云：老子姓李，字伯陽，楚相縣人也。春秋之後，周分為二，稱東西周，晉六卿東征，與齊楚併僭號為王，以大併小，相縣虛荒，今屬苦縣，故城猶在，在瀨鄉之東，渦水處其陽，其土地郁塇高敞，宜生有德君子焉。老子為周守藏室史，當幽王時，三川實震，以夏殷之季，陰陽之事，鑒喻時王。

孔子於周靈王廿年生，到王十年，年十有七，學禮於老聃，計其年紀，聃時已二百餘歲，聃然老旄之貌也，孔子卒後百廿九年，或謂周太史儋為老子莫知其所終。史書所載老子西出函谷關，尹喜請著書，乃強遺道德二篇五千言而去。

嘗謂中華文化，源於道儒二家，數千年來，屹立於天地間而不倒，甚至化及鄰邦。推其所以，察其所由，自有其萬古常新之理在。蓋仲尼祖述堯舜、憲章文武，導斯民以仁義之教，專言人倫之道。老子擬議伏羲，彌綸黃帝，冒天下以道德之化，內涵天地人以至萬物之道。

唐陸希聲云：「仲尼之術，興於文，文以治情。老子之術，本於質，質以復性，性情之極，聖人所不能異，文質之變，萬世所不能一也。

易曰：「顯諸仁，以文為教之謂也，文之為教其事彰，故坦然明白，坦然明白，則雅言詳矣。」

易曰：「藏諸用，以質為教之謂也，質之為教，其理微，故深不可識，深不可識，則妄作者眾矣。」

唐吳筠曰：「夫道德無興衰，人倫有否泰，古今無變易，情性有推遷，天地之道，陰陽有數，故理亂之殊也，子以習教而性移，人以隨時而朴散，雖然父不可不教於子，君不可不理於人，教子所於義方，理人在於道德，義方失，則師友不可訓也。道德喪，則禮樂不能理也，雖加以刑罰，益以鞭楚，難制於姦人賊子矣，是以示兒童以無誑，則保於信，化時俗以純素，則安於天和，故非執道德以化人者，未聞甚至理也。」

(二)「天靜宮」位處老子故里，尊奉老子太上道祖，鄰近多聖靈古跡。尹喜墓、九龍井均載諸史册，騰諸眾口，歷代均隆崇典祀，良以大道興行，民安國泰，今者青牛已駕，紫氣光浮，玄門啓億載之宗，神化流萬邦之澤，仰瀨鄉之舊里，尋渦水之遺蹤。古往今來，時移世易，祠壇凋毀，空尋舊蹟之遺，殿宇荒虛，徒見新蕪之長，九井已生桐樹，雙碑更碎石頭，獨立蒼茫，自興感慨。豈有玄宗勝地，竟歇鐘魚；古代琳宮，任荒瓦礫，而忍不加重興，終任淪胥者乎。伏願善長發心，宰官喜捨，各有傾囊之助，用成扶世之功，尉遲庫之錢，憑之一帖，又敬家之米，指即速釁，庶幾裒成集腋，塔聳聚沙，則聖象重光，殿堂大啓，玄風廣被，聖澤長流，天清地寧，民豐物阜，神光普照，如燃買夜之燈，功德無邊，勝造塗金之塔。

香港青松觀道觀住持

重建老子中太清宮（天靜宮）籌備委員會副主席

侯寶垣謹序於一九九二年

十二、弘揚道德的時代使命

文・蓬萊馬炳文

大江西派李涵虛真人作「老子真傳」，其中有云：「孔子見老子而語仁義，老子曰：播糠眯目，而四方易位；蚊虻噆膚，則通夕不寐；今仁義慘然，乃憤五心志，亂莫大焉！吾子使天下無失其樸，放風而動，總德而立，同歸自然可也。」

吾師吳君確（科學家、習礦冶，曾留學法國獲博士學位）著書云：「老子之學，世人視之為「玄學」或「哲學」，而不知此乃實實在在之一「科學」也。因其主要目的在修煉，使人壽促者可以長生，性之迷昧不靈者可以圓明。其所憑藉者為「精氣神」，其入手方法亦無非「神」與「氣」

相凝，此種修煉，有理論、有方法、有憑藉、有步驟、有結果，完全腳踏實地；按法煉去，工夫愈深，體內所生之變化即所謂「法象」者亦愈明顯，直至壽能長生，性能圓明，最後達到羽化登仙之一步，此豈非實實在在道道地地之「生理衛生之科學」乎，何「玄」之有哉？此種可以「長生不老」與「羽化登仙」之學問，我中華民族於三四千年前業已成熟見效。惜乎後代子孫，未能將其發揚廣大，而常沉溺在若隱若現之間，豈不愧對古人乎？更有若干不肖子孫，既不加研究，亦不知保存，反妄自詆譭，目之為荒誕不稽，不亦哀哉！」

基於上述文字二則，試為老子所提倡的道德二字及其身教、言教加以探討，這種探討，雖然屬於管窺蠡測，但筆者舉出數十年研修的一得之愚，希望能提供諸君子的觸類旁通之悟，同歸大道，咸證聖德，以符合老子濟人救世的心願。

・就「道」而言，吾人試看一個鐘錶，有了運動的能力及條件之後，它一秒一分一刻一時日夜不停、風雨無阻的運轉；如果運動的能力或運動的條件消失時，則立刻停擺，不再轉動！此一例也。

・吾人再看一棵樹木，根植土中，吸收土壤中的養份，枝葉樹幹高出地面，吸收陽光、空氣、雨露，日就月將，此樹從根到葉，一個整體，其中脈胳聯運，無阻無滯，此樹才能欣欣向榮，如果遭受砍伐，則此樹立見枯萎！此一例也。

・至於有生命的動物，他的個體之內，氣血的運行，不可有絲毫停滯損傷，小則必病，大則必死，此一例也。

・至於地球，本體不停的自轉公轉，而地球周匝，風雲雨露隨著大氣不停的運作，山中有水，水中有山，山澤通氣，此中命脈，皆是相關聯的一體運行，此一例也。

・擴而大之，所有星球之運轉，皆是有隨著天體運轉而運轉，這種運轉之力，乃是大道道力的推動者也。

由於上述各例，統合觀之，與老子道德經第二十五章所云：「有物混成，先天地生，寂兮寥兮，獨立而不改，周行而不殆，可以為天下母，吾不知其名，強之曰道。」所說的「道」，不是一一相符嗎？此種「大道」的運作，無形中如風之入林憾木，入水揚波，此豈非老子所說「放風而動」的涵義嗎？此乃老子所說可道之道也。（不可道之道更精深難名）

至於「德」字的詮釋，「德」是「大道」之用，舉例言之，一個鐘錶、一顆樹、一個動物、一個地球，在它未成形之先，本無形相的，它所以能成為各個美好的形相，乃是撮合「大道」所生不同的氣質變化而成（古仙云：天賦人以氣，地賦人以質），現成的單獨個體，必有其生生不息，造福眾生的功能而發揮其效用，因此，古人說：「大德曰生」，又曰：「立德」，這與老子所說「總德而立」，豈不是若合符節嗎？

天地萬物皆是「一團氣包」所化，這個「氣包」產於無形無名的大自然之中，易言之，人類皆是從「大自然」中化生而來，大自然中有「靈」有「氣」，人之本性，即是「大道之靈」，人之氣質，即是「大道之氣」。人既然出現於這個世界，應當具有「大道」及「天地人」三才一體的觀念，遵守「大道」的道範及德範，素位而行，一任隱現，存圓融高明之德性，做太和博愛之行為。先學「天」之無所不包，「地」之無所不載，利濟群生；最後不計功，不圖名，與「大道」融合為一，再歸到大自然本體之內，使身心俱安。如此，則「小我」之自然融化而為「大我」！「假我」自然鍛煉成為「上真」！此即老子教人「無失其樸，同歸自然」者也。

至於老子的聖教，茲分『身教』及『言教』敘明如后：

一、『身教』——

•老子亦是從母胎而生，從「人道」中示範天下後世，人人皆可學道成聖成真者也。

•至於七十二相、八十一好，乃係顯示聖者得自「先天大道」所賦之精華，確與常人不同，人能修煉成聖，與道合真，亦可隨心所欲，顯現莊嚴尊崇之法像也。

•老子出生之後，接受慈母無上元君之教誨者，是顯示大道無盡，淵不可測，雖證聖位，亦應虛誠學習；且母之教子，慈之顯也，子受母教，孝之徵也。

•小試徐甲者，教人不可背信，迷於色相，得道則生，失道則死，得失後果之可畏也。化及西域顯現神通者，因有道聖人，喻如廚師，萬物如同菜餚，可以任意烹調，以饗需者，此聖人不得已因救世而顯露者也。

•大唐時代，頻顯聖跡，並非無據之神話，乃是聖者，高居萬像之先，已為神氣之主，它的「組氣成形」，「和光為體」，乃是「遊戲三昧」；至於變化木石，亦是易如反掌，有如陶者可以任意調和水土製造諸器者也。

二、『言教』——

・西昇經、道德經、太上戒經、清靜經、以及對關尹子、孔子、西域諸國之教言，皆是教導人類勿為「物質私慾」所困，而沉沒於名利、生死、殺戮、災害、報對之中，應「在塵出塵」，使人間化為清淨安樂國土，再「返本還先」，回昇於天地之初，同登覺岸而達真常永恒之地也。

天地生我，不能使我不死，父母育我，不能使我長年，唯有「得道」，方能超出塵劫之外而獲致永恒幸福。欲「學道」「得道」，必以老子為宗師，以老子道法為根本，而老子道法，流傳迄今之傳統支流，已如前述，有心人可以從流尋源，如能獲得任何一個支流之心傳，貫通老子經典毫無疑義，則今生在此世界，必可同流而不合污，進而尋到「水源木本」，再作跳出化生地球的「大氣包」圈圈而努力奮鬥，以冀到達彼岸，便是「羽化飛昇」了！

「羽」者，習翼也，鳥之雙翅也，鳥賴翅以飛，人賴有形物質以生，亦因困於有形物質以死，人欲修人道，必須從修身的「格致誠正」做起，以求物質之翅的真誠無偽，方能妥適應用，無災無難；至於輔翼人類的物質之翅，其根深蒂固置於人心者，如欲飛昇上界，必須將此翅絲毫不留的化除淨盡，能如此，方能人欲不存；能做到「人欲淨盡」，自然「天理流行」，屆時順理而行，則入天入淵，必然「所行不逾矩」了！此即「羽化飛昇」之義也。

筆者忝生於太上老子故里，畢生追尋老子道法，苦心參訪，到處求師，幸於三十八年前得遇吳翁修真，叨蒙師恩，始悉道德經旨，旋即入山試靜，茲後迭蒙高真加被，粗通三清經典，竊以為「大道」是天地萬物之共同根源，人人皆應「明道」「修道」與「道」融合為一，先求氣質之高尚，再求靈質之凝結，最後銷融靈質而合「大道」，百鍊功成，重返「元始」，係人類唯一上進上達之正路，為求「太上大道」之昌明於天下，數年前曾將老子西昇、道德二經淺釋問世，茲應海內外好友敦促，齋戒沐浴，敬將「太上道祖（老子）經・史・論」事略為文立傳，傳中所述事跡，系多年來廣蒐諸書匯集編撰而成，毫無個人杜撰之筆，良因學疏修淺，深恐違誤，尚祈前輩道長海內外高明有以正之。

天運歲次丁卯年　　馬炳文於巢雲居。

肆

太上道祖聖跡寶相圖輯

太上功德大寶臺說妙經

太上道祖老子聖祖

一炁默運宇宙始生

真炁旋流萬象生成

大聖人的降生源於一炁真元的宇宙光

道祖寶誥　志心皈命禮

隨方設教。歷刼度人。爲皇者師。帝者師。王者師。假名易號。立天之道。地之道。人之道。隱聖顯凡。總千二百之官君。包萬億重之梵炁。化行今古。著道德凡五千言。主握陰陽。命雷霆用九五數。

大悲大願大聖大慈太上老君道德天尊。

大聖人志心皈命於宇宙的本元── 一炁真元宇宙光

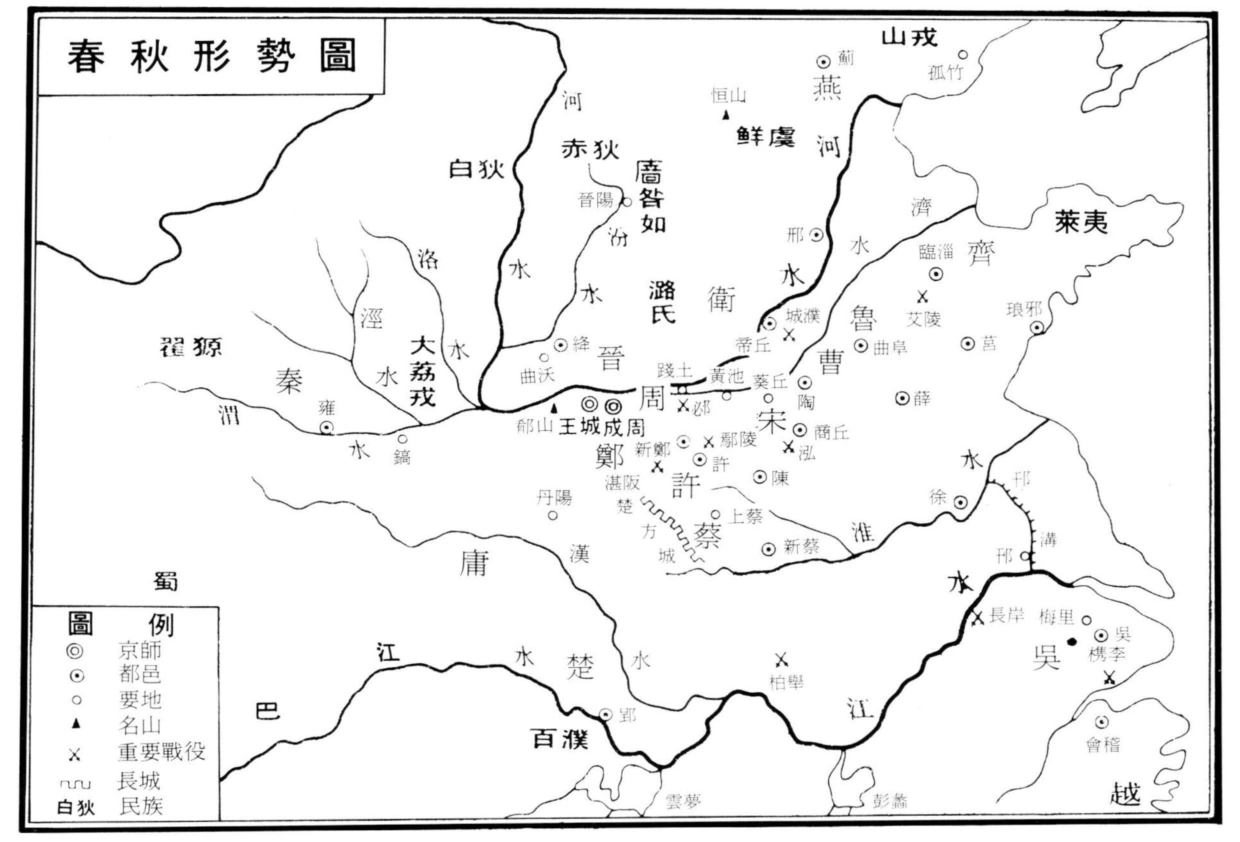

大聖人降生於中華大地的春秋戰國時期

老子出生地　各典籍記載一覽表

各家記載	國	縣	鄉里	備考
今木史記	楚	苦	厲　曲仁	
邊韶老子銘	楚	相		
葛洪神仙傳	楚	苦	瀨　曲仁	
淮南子修務篇高誘注	楚	苦	賴　曲里	
廣宏明集釋法琳十喻篇引高士傳	楚	相		
別本史記	陳	相		
禮記曾子問疏引史記	陳	苦	賴　曲仁	
劉向列仙傳	陳			
皇甫謐高士傳	陳			
陸德明經典釋文敍錄	陳	苦	厲	亦作陳國相人
段成式西陽雜俎玉格篇	陳	苦	賴	
姚鼐老子章義序	宋			
馬夷初老子覈詁老子鄉里	宋	相		

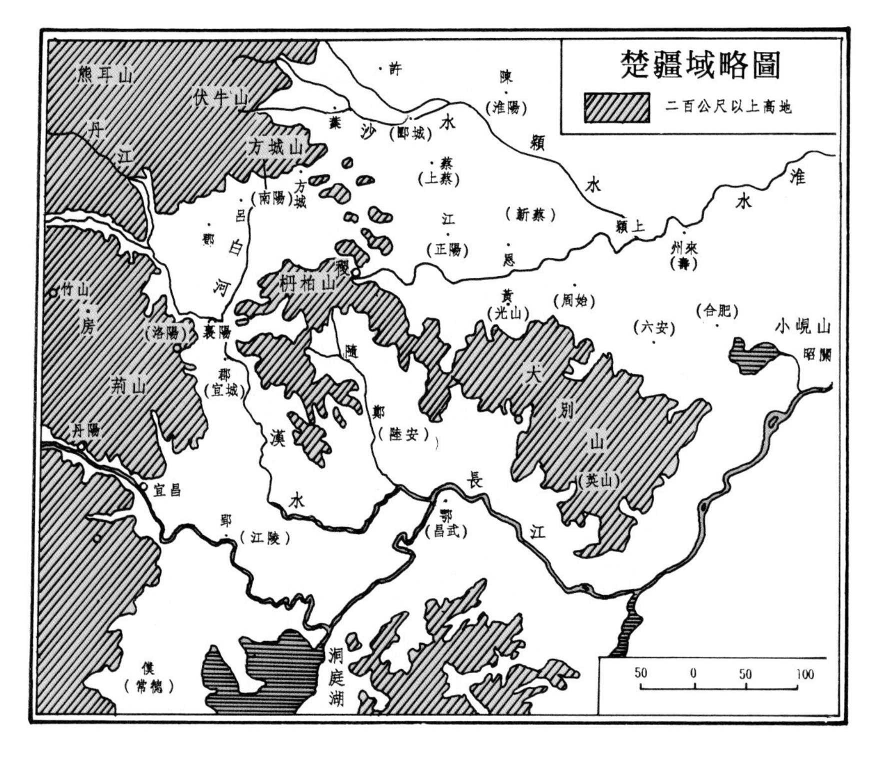

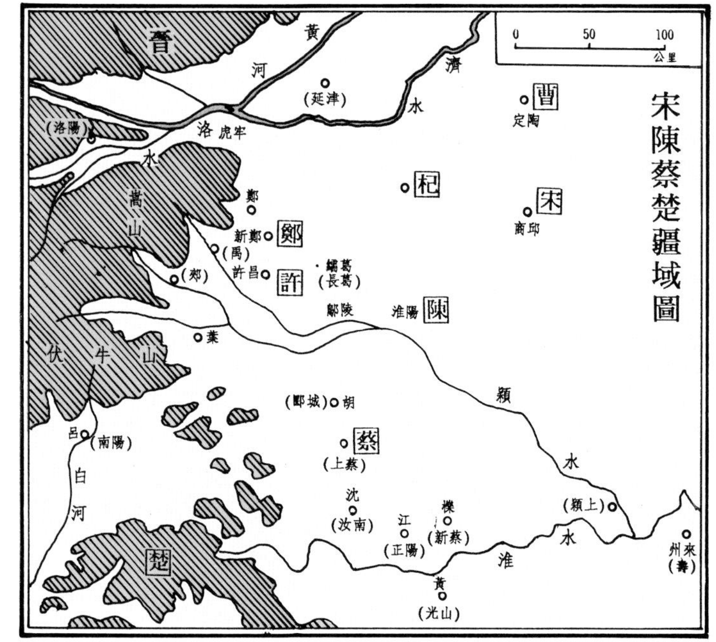

老子降生時期，諸國疆域略圖。

大聖人老子足蹟遊歷圖

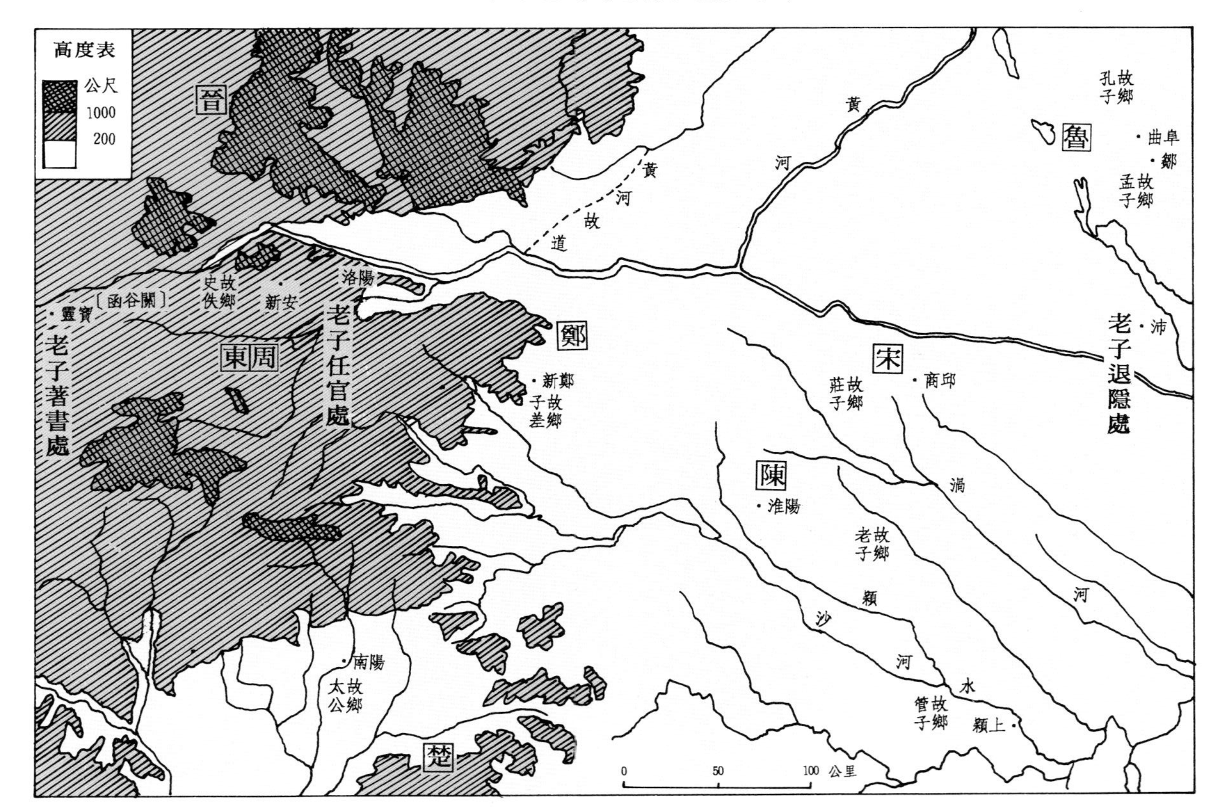

高度表
公尺
1000
200
晉
魯
孔子故鄉
曲阜
鄒
孟子故鄉
黃河
黃河故道
洛陽
史佚故鄉
新安
〔函谷關〕
靈寶
老子著書處
東周
老子任官處
鄭
新鄭
子差故鄉
宋
商邱
莊子故鄉
老子退隱處
沛
陳
淮陽
老子故鄉
渦河
潁水
沙河
管子故鄉
潁上
南陽
太公故鄉
楚
0
50
100 公里

苦縣老子廟、孔子廟碑圖位置

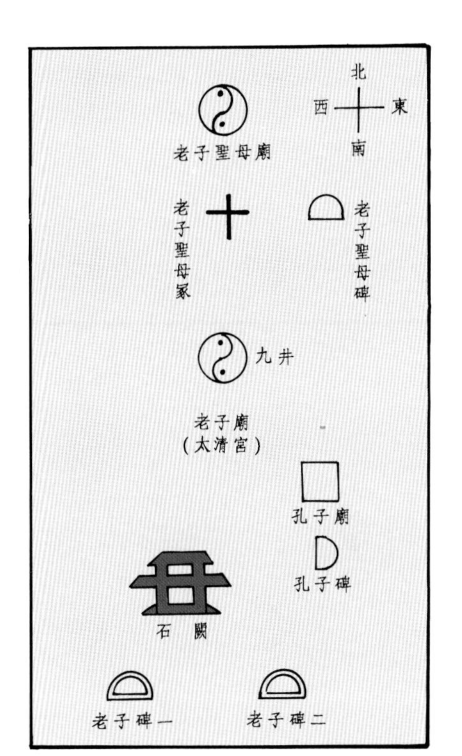

老子故鄉圖

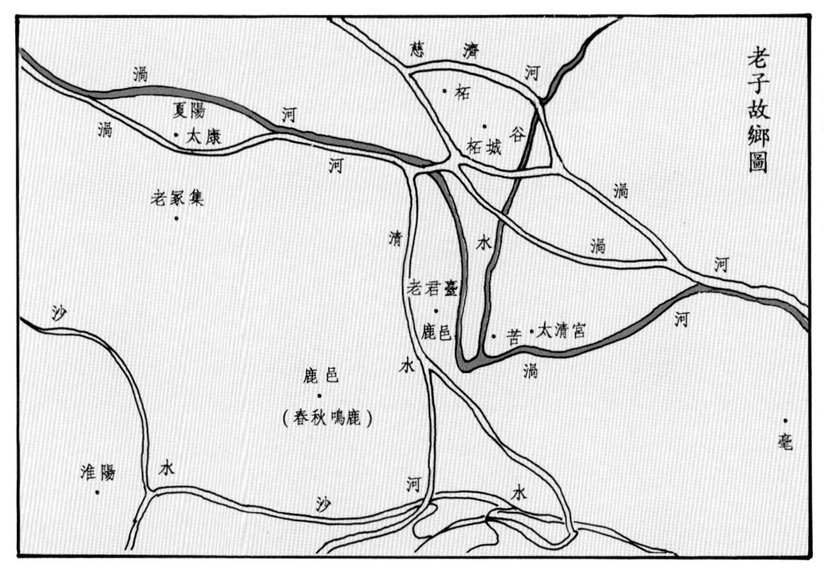

註：黑色代表昔日河道城邑　紅色代表現代河道城邑

老子故里現今地理位置圖

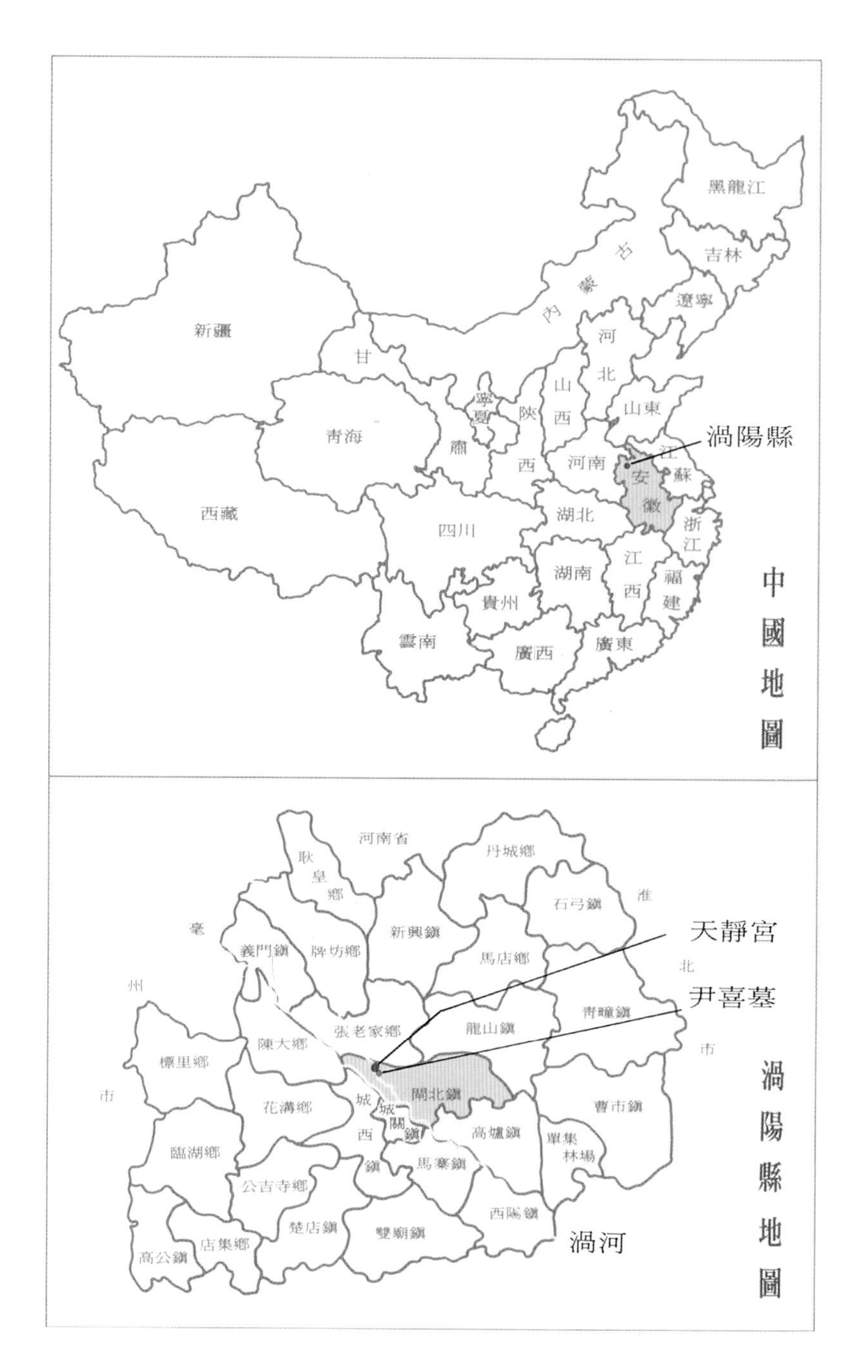

中太清宮(天靜宮)鳥瞰圖(初稿)

老子故里中太清宮(天靜宮)重建計劃草擬

根據重建老子故里中太清宮(天靜宮)之設計師東南大學建築系潘谷西教授稱此番重修,按「中國第一宗教」聖地的要求,依其極盛——北宋敕修時的規制予以修復。

工程初步建議將分三步實施:

第一步,完成老君殿(正殿)、三清殿及客房,估計約需人民幣柒佰萬元(約美元壹佰叁拾萬元)。

第二步,完成東嶽廟、藏經樓庭院、無憂園(流星園及九龍井)、聖母殿及生活服務設施。估計約需人民幣伍佰萬元(約美元玖拾叁萬元)。

第三步,完成鐘樓、碑亭、欞星門、牌坊、照壁、橋以及沿河園林建築。估計約需人民幣貳佰萬元(約美元叁拾柒萬元)。

以上各項建築估計共需人民幣約壹仟肆佰萬元(約美元貳佰陸拾萬元)。

廟內設置、道路、水電、環境綠化等基礎設施費用另計。整項重建工程之上蓋建造費用約需美元肆佰萬元。

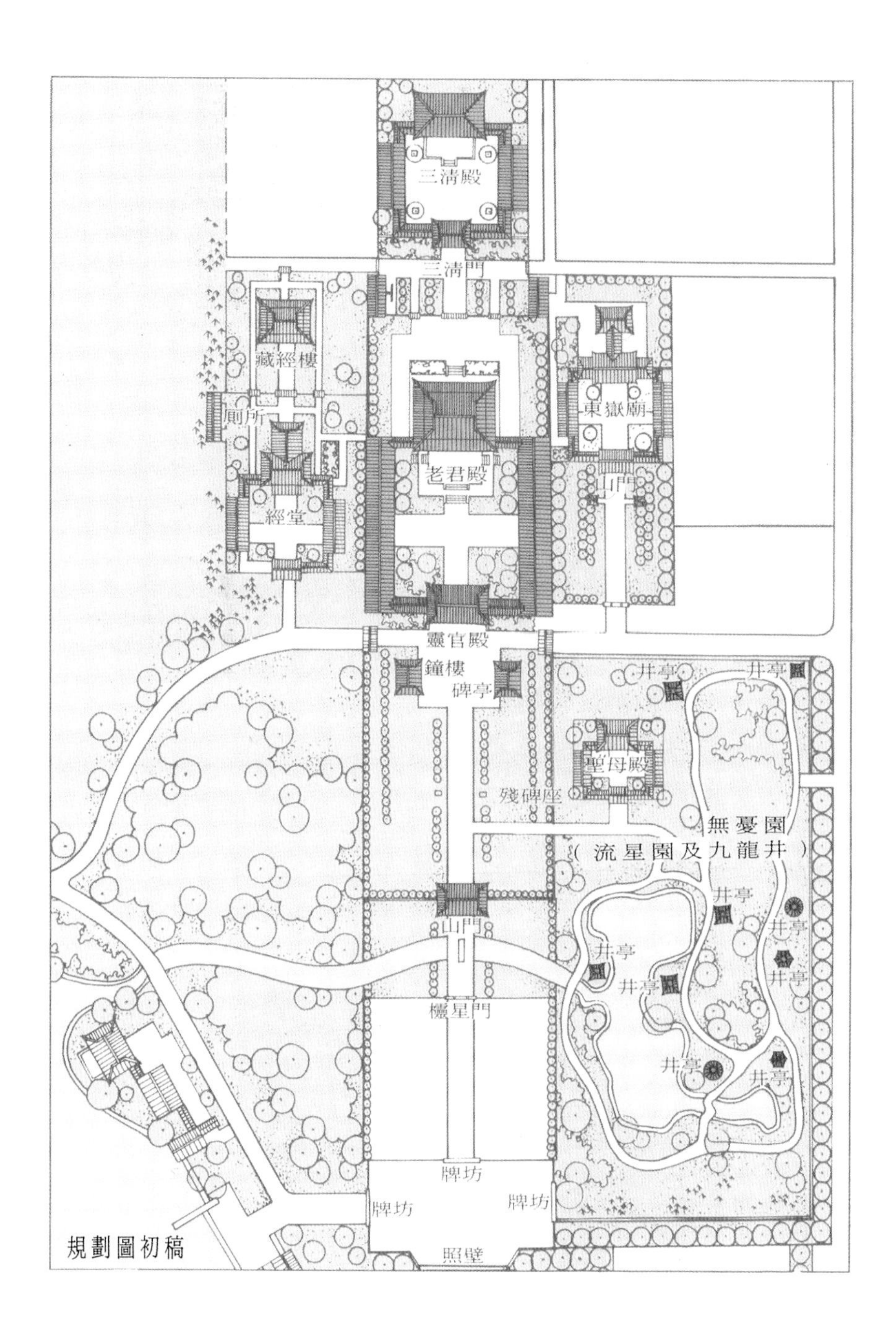
三清殿
三清門
藏經樓
廁所
經堂
老君殿
東嶽廟
山門
靈官殿
鐘樓
碑亭
井亭
井亭
聖母殿
殘碑座
無憂園
（流星園及九龍井）
井亭
井亭
井亭
井亭
井亭
井亭
井亭
山門
櫺星門
牌坊
牌坊
牌坊
照壁

規劃圖初稿

興建中的天靜宮

渦陽縣天靜宮完工照片，一九九五年十月十九日開光。

太上道祖聖像

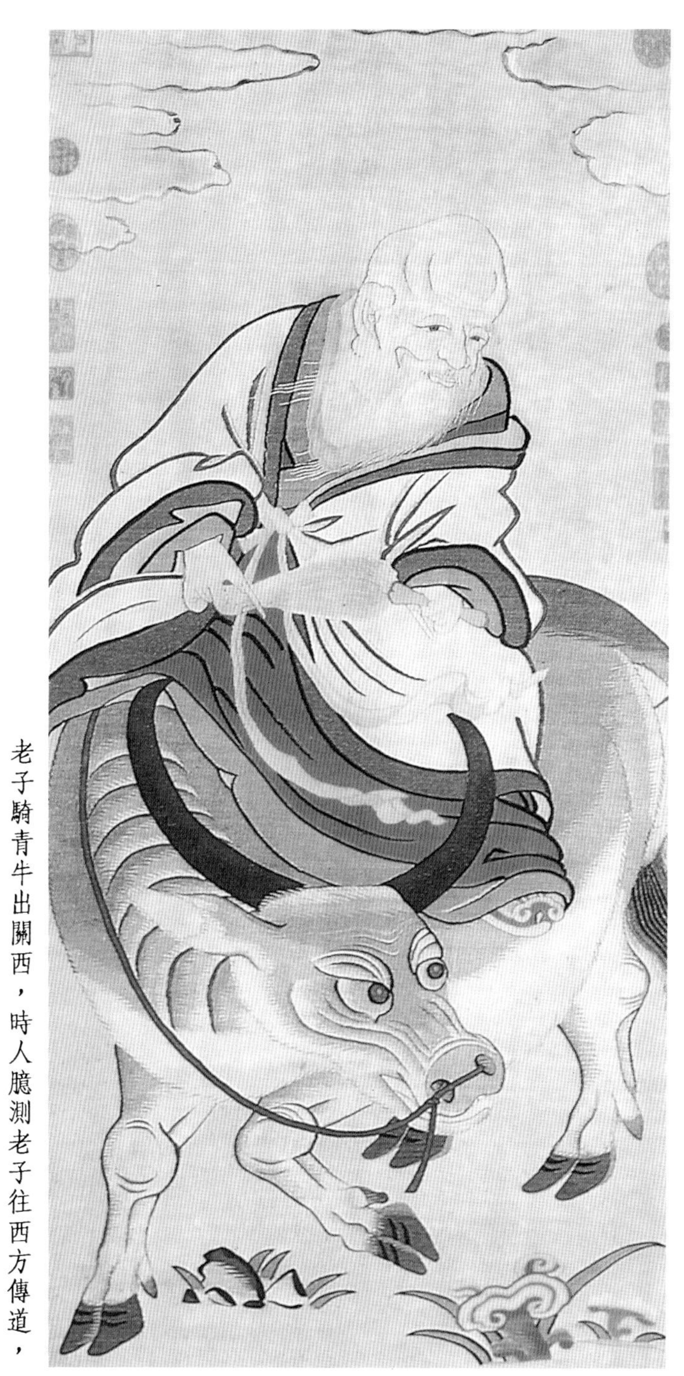

老子騎青牛出關西，時人臆測老子往西方傳道，而有釋、回、天王、婆羅門等教派產生。又云：老聃入西秦，歷流沙化胡成佛。

平山

黃髮番丶肖已
台手將指六九
琳臺五千不是
閒拋置為付關
門令尹回
御題

大聖人太上道祖老子騎獨角青牛出函谷關。

老子過函關東來紫氣

■老子——「列仙全傳」插圖。

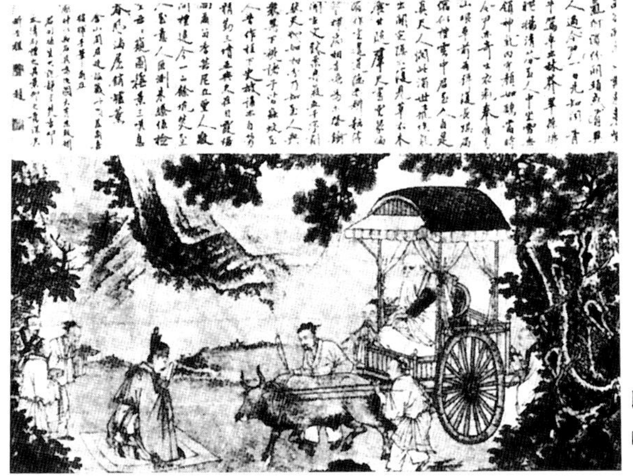

明代、商喜
「老子出關圖」。

南宋、晁補之「老子騎牛圖」
（故宮博物院收藏）

老子——日本畫家橫山大觀的這一幅「老子」圖。留露著細緻優美的線條及明朗的色彩，背景則是橫山大觀最擅長的水墨朦朧調子，老子的面貌頗具有一種特殊的詼諧感。

李奇茂老子騎牛圖

唐吳道子畫老子像

南宋牧溪「老子圖」

無為道德天尊　太上道祖

元　老子騎銅牛像

唐代石刻
老君像

太上老君空中顯聖真影

宋朝石雕老子座像 福建泉州名山

坐落福建泉州市北郊清源山右峯，位於羽仙岩羅山、武山之下。

老君岩石像左手依膝，右手憑几，安閒自若，高逾五公尺，約厚七公尺，約寬七公尺半，依一塊巨大的天然岩石雕琢而成。蒼髯飄展，造型充分表現出老人和藹可親，安樂滿足的神態。面部五官，以至鬍鬚、衣褶等細部雕刻，線條刀法柔而有力，具有宋刻風格，是福建難得的宋代道教時刻佳作。

元趙孟頫畫老子像

函谷關
老子乘青

函谷關

瞻紫樓

函谷關全景

樓觀台

樓觀台是道教的祖庭，據樓觀先師傳碑石記載，始於周康王，增建在秦漢，大建是唐初。迄今近三千年歷史。山水青秀，風景優美，因而歷代文人學士題有「天下第一福地」、「洞天福地」及「第一山」之佳稱。

宗聖宮碑記載周康王時，天文星象學家尹喜，在此結草為樓，每月登草樓觀星望氣。故名樓觀。

周昭王二十五年，尹喜於函谷關（即今河南靈寶縣境內）迎老子來樓觀，並講授「道德」五千餘言，因而又稱説經台。

宗聖宮遺址

樓觀台全景

老君殿

上善池亭

說經台

化女泉老君殿內景

道德天尊乃萬教之主，執掌萬物生、長、歸、化等綿延循續，俗云萬教歸一。

太清殿壁畫——老子西出函谷關

太清殿壁畫——老子講《道德經》

太上老君塑像

藏經樓

古道德經碑

老子繫牛柏和繫牛碑

青牛（唐石刻）

老子煉丹爐

老子墓

無為道德天尊　太上道祖

老君煉丹圖

曾后希　孔子問禮老子圖

孔子入周問禮於老子處石碑圖

洛陽東關銅駝巷有老子故宅，據聞為老子任周守藏史住居處。東行，有孔子廟，廟南有碑。上題「孔子入周問禮於老子處」碑今雖已部分殘缺，字跡可見，如圖。

漢代武梁祠畫象石
「孔子見老子」
輯自「金石索」

孔子問禮於老子圖

問禮圖

一九七四年初湖南長沙馬王堆第三號墓堀出老子道德經圖片

帛書「老子」甲本的一部份——湖南長沙西漢馬王堆三號墓出土的「老子」分為甲本、乙本兩種，與今日流行的版本有一定的出入，因而在文獻學上有較重要的研究價值。

太上玄元道德經

上篇

道可道非常道名可名非常名無名天地之始有名萬物之母故常無欲以觀其妙常有欲以觀其徼此兩者同出而異名同謂之玄玄之又玄衆妙之門

天下皆知美之為美斯惡已皆知善之為善斯不善矣故有無相生難易相成長短相形高下

大德十一年歲在丁未十二月廿六七日吳興趙孟頫書

宋　趙孟頫書道德經

晉右軍王羲之書

太上玄元道德經

上篇

道可道非常道名可名非常名無名天地之始有名萬物之母故常無欲以觀其妙常有欲以觀

……

聖人云我無為而民自化我好靜而民自正我無事而民自富我無欲而民自樸

其政悶〻其民醇〻其政察〻其民缺〻禍兮福所倚福兮禍所伏孰知其極其無正邪正復為奇善復為妖民之迷其日固已久矣是以聖人方而不割廉而不害直而不肆光而不曜

東晉王羲之書「太上玄元道德經」

敦煌石室所出索紞寫本道德經殘卷圖樣

以正治國以奇用兵以无事取天下吾何以知其然
哉以此天下多忌諱而民弥貧人多利器國家滋昏
民多技巧奇物滋起法令滋彰盜賊多有故聖人云
云我无為而民自化我好靜而民自正我无事而民
自富我无欲而民自樸

其政悶、其民醇、其政察、其民缺、禍兮福為
福所倚福為禍所伏孰知其極其无正耶正復為奇
善復為妖民之迷其日固久矣是以聖人方而不割
廉而不害直而不肆光而不曜

治人事天莫若嗇夫唯嗇是謂早服、謂之重積德
重積德則无不剋无不剋則莫知其極莫知其極
可以有國有國之母可以長久是謂深根固柢長主
久視之道

治大國若烹小鮮以道蒞天下其鬼不神非其鬼不
神其神不傷人非其神不傷人聖人亦不傷人夫兩
不相傷故德交歸焉

大國者下流天下之交天下之牝、常以靜勝牡以靜
為下故大國以下小國則取小國以下大國則取大
國故或下以取或下而取大國不過欲兼畜人小
國不過欲入事人夫兩者各得其所欲、故大者宜
為下

道者萬物之奧善人之寶不善人之所保美言可以
市尊行可以加人人之不善何棄之有故立天子
置三公雖有拱璧以先駟馬不如坐進此道古之所
以貴此道者何也不曰求以得有罪以免邪故為

道教名勝

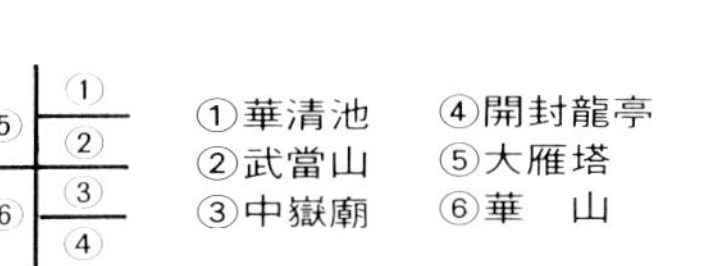

①華清池　②武當山　③中嶽廟　④開封龍亭　⑤大雁塔　⑥華　山

成都青羊宮

山門

三清殿

青城山天師洞

清人黃雲鵠懷古幽趣寫下「龍蹻仙蹤」牌坊

十三、總論

文：任法融
樓觀台住持

老子是我國古代偉大的自然主義哲學家。他的不朽著作《道德經》，亦稱《老子》，是一部博大精深、詞意錘煉的哲理詩。這部被譽為『萬經之王』的神奇之書，像寶塔之巔的明珠，璀燦奪目，照耀著我國的古老文明，對我國古代的哲學、科學、政治、宗教等各方面，發生了深遠的影響。它無論對於中華民族的性格的鑄成，還是對於政治的統一與穩定，都起著不可估量的作用。

《道德經》是我國古老文明的智慧結晶，也是一個知識的寶庫。它不僅包含著宏奧的哲理，而且蘊藏著自然科學、社會科學、人體科學、思維科學、系統科學諸多方面的基本素材，猶如汪洋大海，內容包羅萬象。它以罕見的深度、廣度和精度而著稱於世。不僅驅使著古代萬千的學問家為之作注，探其玄秘，釋其奧義，而且吸引了越來越多的西方科學家步入這一古老殿堂，探索其中的重大科學奧秘，尋求人類文明的源頭，深究古代智慧的底蘊。

古今中外，研究和注釋《老子》的人難以計數，有關著述汗牛充棟。在古代，有從養生方面研究和注釋的，如河上公、呂洞賓；有從哲學方面研究和注釋的，如王弼；有從政治權謀方面研究和注釋的，如唐玄宗、宋徽宗等等。各述己見，莫衷一是。在現代，則有從科學和管理等方面研究和注釋的。有人認為此書是一部養生學著作；有人認為此書是一部哲學著作；有人認為是一部政治著作；有人認為是一部兵法；有人認為是一部科學著作，等等，衆說紛紜。這些理解既有片面性、又有合理性。『道』是渾全之樸，『衆妙之門』。從某一側面來理解，把它當成某一局部的東西，是盲人摸象，顯然是片面的。從另一方面看，『道』生成了萬物，又內涵於萬物之中，『道』在物中，物在『道』中，萬事萬物殊途而同歸，都通向了『道』，從這方面來理解，也有其合理的一面。

在現代，一些人根據西方哲學概念，把『道』解釋成了『物質』、『精神』或『規律』。這些解釋都不符合《老子》本義。『道』既不是有形的『物質』，也不是思慮的『精神』，更不是理性的『規律』，而是造成這一切的無形無象、至虛至靈的宇宙本根。『物質』、『精神』、『規律』皆是『道』的派生物。『道』是先天一炁，混元無極，是宇宙中的能量，是太空的氣場，是其大無外、其小無內、至簡至易、至精至微、至玄至妙的自然之始祖、萬殊之大宗，是造成宇宙萬物的原始材料。『可道』、『德』、『下德』都是『道』的派生物。

只有正確理解了『道』，才能正確理解『德』，從而以此為鑰匙，正確理解《老子》全書。

從常人的立場、觀點和方法，用通常的經驗和知識，順著常規的思路，不可能對『道』的妙諦有真正的徹悟。因而，一般學者，由於未能從萬有中超脫出來，他們從各個側面理解『道』，從常識的觀點說明『道』，由此偏離《老子》的本來意義，勢所難免。對『道』的片面理解。必然造成對《老子》一書的歪曲解釋，埋沒這本書的重大價值。

道教把老子奉為始組。《道德經》是道教的基本經典。『道』是道教的基本信仰。『道』是《老子》一書的核心概念，是《老子》學說的精華所在。

道教本身對自己的基本經典《道德經》有傳統的理解。這種理解和一般人的理解大相徑庭。

道教對此書的秘機是師傳口授、代代相傳的，對其玄理奧義是在修真養性的長期實踐中理解、頓悟的。據傳老子百六十餘歲而去，他本人就是功夫極深的修煉家。他所闡述的大宇宙的基本原理，只有在人身的長期修煉及直覺沉思中才能徹悟。『道』在天，亦在人；在身亦在心。筆者躬身研究道學三十餘載，謹研《老子》、《莊子》、《周易》二十餘年，對『道』尤為殫精竭慮，悉心研探，在長時間的修持中悟解。為《老子》作注，是多年研討、靜悟的結果，實非一時之願，一日之功。在中西文化融合，老莊研究成為熱門，道教養生法風靡世界的今天，用道家自己的方法和觀點，對《道德經》作以基於本來意義的闡釋，把其中的科學精華挖掘出來，使之宏揚於世，為振興中華和促進人類文明進步服務。

《道德經》主要講了『道』、『可道』、『德』、『下德』幾部份。筆者認為：『道』和『德』乃是一無極圖－◯；『可道』與『下德』則是太極圖－⨀。八十一章的全部內容，可以由這兩個圖囊括無遺。只要理解了這兩個圖，就抓住了全書的根本，就可以此為鑰匙，打開《道德經》這一神秘宮殿的大門，理解全書，以下從綜橫兩個方面用此二圖對『道』、『可道』、『德』、『下德』作一闡釋。

二、無極圖—◯

《老子》曰：『天下萬物生於有，有生於無。』，此『無』無形無象，無色無聲，無臭無味，無熱無寒，無左無右，無前無後，無內無外，無始無終，無邊無際，無情無思，無善無惡，恍恍惚惚，沓沓冥冥，無徵兆，無端倪，至虛至空，故稱『無』。此『無』本來無名，老子勉強把它稱為『道』。此『無』即『道』。

古人云：『無極生太極，太極生兩儀，兩儀生四象，四象生八卦。』此『無極』即『無』即『道』，道家用無極圖—『◯』表示。

此『◯』并非沒有，而是無所不在，無所不備，無所不涵，無所不包，無所不能，無所不至，它的實際是『有』，是宇宙萬有所從以出的唯一總門。無此則無一切。

『無』即『〇』，涵陰陽二氣，是陰陽二氣的合和與統一。陰陽二氣，一正一負，互相吸引，相互補充，必抵消中和為『〇』。因此，『〇』似無非無，此虛無之體只是相對於有色有相事物而言的一種狀態，一種形式，是假無真有，假虛真實，假空真物，它是含藏一切的最大的『有』。『〇』不是沒有，而是物質的一種初始狀態。此『無』在《老子》書中論述頗多：

一章曰：『無，名天地之始。』

六章曰：『谷神不死，是謂玄牝。玄牝之門，是謂天地根，綿綿若存，用之不勤。』

十四章曰：『視之不見，名曰夷；聽之不聞，名曰希；搏之不得，名曰微。此三者，不可致詰，故混而為一。其上不皦，其下不昧，繩繩不可名，復歸於無物。是謂無狀之狀，無物之象。是謂恍惚。迎之不見其首，隨之不見其後。』

二十一章曰：『「道」之為物，唯恍唯惚。惚兮恍兮，其中有象，恍兮惚兮，其中有物：杳兮冥兮，其中有精。其精甚真，其中有信。』

二十五章曰：『有物混成，先天地生。寂兮寥兮，獨立而不改，周行而不殆。可以為天下母。吾不知其名，字之曰道。』

以上這些生動的論述，都是對『無』、『無極』即『道』的描繪。這說明『道』是純粹、素樸的物質，但不是普通的常見之物，而是虛無之體，是先天一炁。說它『無』，卻能化生萬物，說它『有』，卻視而不見、聽而不聞，搏而不得。『道』就是這樣一種無形而又真實存在的東西。

『道』的這些體性，被後來的道家人物歸納為『虛無』、『自然』、『純粹』、『素樸』、『恬淡』、『平易』、『清靜』、『無為』、『柔弱』、『不爭』十大特徵。

這些體性、特徵從人身上體現出來，就是『上德』。『上德』是『道』的人格化、倫理化。

『道』體現於人謂之『德』。

《老子》曰：『上德不德，是以有德。』又曰：『孔德之容，唯道是從。』

這就是說，最高尚的『德』是自然的、無形的，無跡可睹，無端倪可察，是內在的、含蓄的、不顯露的、無意的，而不是人為的、故意的、彰示的、炫露的、外在的、形式上的。它的特性、功用與『道』相似。道是什麼特徵，『上德』就是什麼特徵，二者一脈相承。

『道』的十大特徵，『上德』全部具備。『上德』的特徵，就是『道』的特徵。

『道』和『上德』的基本特徵是『無』，用圖表示，即是『〇』。這一『〇』無所不在，無所不含，無限圓滿，至善至美；是至高無上的本體。

三、太極圖—⊙

《周易》云：『一陰一陽之謂道。』

《老子》曰：『萬物負陰而抱陽，沖氣以為和。』

此是說，『道』涵陰陽，是陰陽二氣的中和、平衡與統一。『道』分而為陰陽，陰陽合而為『道』。陰陽沖和之氣，生成萬物。

『道』是無極，陰陽則是太極；『道』是『無』，陰陽則是『有』；『道』用無極圖可以表示，陰陽用太極圖可以表示。

陰陽二氣，互相吸引，相互凝聚，必然生出一層一層的自然萬物。自然萬物皆分陰陽，植物動物皆分雌雄，人則分男女。氣、物、人皆分陰陽。陰陽并立，則為太極—⊙。因而，太極是相反的、對立的矛盾體。

太極之陰陽是對立的、矛盾的，同時是統一的、互補的。這種關係，是對立統一的辯證關係。

《老子》一書對這種對立統一之辯證關係的闡述，其文數不勝舉。例如：

『有無之相生，難易之相成，長短之相形，高下之相傾，音聲之相和，前後之相隨。』

這是說，任何事物都由正反兩種因素組合而成。它們互相聯繫、互相依賴、互相滲透、互相補充、互為其根。有正必有反，二者對待存在，相輔相成。

再例如：

『將欲歙之，必固張之；將欲弱之，必固強之；將欲廢之，必固興之；將欲奪之，必固與之。』

這就是說，事物的運動變化規律，是『物極必反，理窮必變。』任何事物達到極端，超過一定限度，就會走向反面。宇宙萬物由陰陽二氣合和而成，陰陽是一對矛盾體，因而，由陰陽二氣組成的萬物無不包含著陰陽。沒有陰陽就沒有萬物，沒有矛盾就沒有世界。陰陽即矛盾。太極圖是對陰陽之矛盾的總括。

陰陽二氣，陽動陰靜，陽剛陰柔，陽熱陰寒，陽生陰殺，有形有象，有色有聲，有臭有味，有聚有散，由此生成的萬物，有生有死，有強有弱，可變可化，千姿百態，千變萬化，此謂『可道』。因盛衰興亡變動不居，不能永恒存在，又稱『非常道』。

例如：天的冬夏四季，地的寒熱五帶，物的陰陽剛柔，人的男女老少、生死動靜、吉凶禍福，就屬於『可道』，因其變動不已，就是『非常道』。

『道』是無形的、永恆的。由『道』生出的有形有象『可生可滅的萬事萬物，乃是『可道』、『非常道』，亦即太極。

『道』體現於人為『上德』，『可道』體現於人則必為『下德』。『下德』和『可道』一樣，是有形有象，可生可滅，變幻莫測的，不是內在的、永恆的、全面的、含藏的真常之德。這種『德』只是外在的、形式上的、局部的、片面的、暫時的東西。『上德』無心為『德』，『下德』有意為『德』。上德無為而無以為，下德有為而有以為。

太極圖囊括了《老子》一書中關於對立的、運動的、變化的觀點，總括了宇宙萬物的基本體性和規律。

四、無極圖與太極圖

無極即『無』，太極即『有』。

《老子》曰：『有生於無』，『有無相生』

這就是說，無極生太極，太極歸無極。二者是縱向的派生關係。無極是本，太極是末；無極是母，太極是子；無極是源，太極是流；無極是總，太極是分；無極是全，太極是偏；無極是定，太極是變，等等。無極順而生太極，太極逆而歸無極；無極動而生太極，太極靜而歸無極。一本散為萬殊，萬殊歸於一本。

太極與無極的關系，是縱向的派生關係，太極中的陰和陽的關係，是橫向的對待關係。可以用前者是母子關係、後者是夫妻關係來形容。

對於前一種關係，《老子》主張『復歸於無極』，萬物『復歸其根』，人『復歸於嬰兒』，社會『復歸於樸』，一切復歸於本。『見素抱樸，少私寡欲』、『絕聖棄智』、『絕學無憂』以及『致虛極，守靜篤』、『抱一為天下式』等等，都是主張崇本息末，守母存子，以『道』為本。這樣，必能由一統萬，以寡治衆，『為無為而無不為』，『為無為而無不治』，永遠立於主動、不敗之地。『道』是全在全備全息全能的，抱守此『道』，必可使人自身得到升華，發生質的、根本的變化，得道成真，成為全新的人。《老子》所說的『聖人』，是『道』的人格化，是具有『道』的體性『特徵、氣質、品格的人，是真正的『得道者』。

《老子》倡導的『知其雄，守其雌』、『知其白，守其黑』、『知其榮，守其辱』，皆是指從負面走向正面，達到伸展之目的。『去甚、去奢、去泰』、『守柔』、『處下』、亦是此意，目的在於『得道』。如果守雄、守白、守榮、守剛、居上、圖榮華。享富貴、爭名逐利，姿情縱欲，胡作妄為，如此就是失道失德，失道失德，不但百事無成，而且自身會遭到凶禍與毀墜。

《老子》全書八十一章主要闡述了無極圖和太極圖及其相互關

係，講了天道和人道的關係，目的在於使人道取法於天道，由太極返回無極，使人回歸先天純粹的本性，使人的自然潛能得到全面的開發和利用，成為道德高尚的人。同時能使社會穩定、國邦振興、天下太平、壽命延長。

《老子》五千文，最終歸到人。旨在從人的生理、心理、智能、道德諸方面，從根本上解決人的問題。

《老子》發現了『道』，也發現了『人』。『人』是『道』的代表。『人』得了『道』並與『道』合一，才能成為一個有益於自然，有益於社會，有益於他人，有益於自身的人。

清靜經　試解

賴宗賢

一　前言

《清靜經》，全名為《太上老君說常清靜經》作者為晉代葛翁（左玄真人），他在經文中稱「老君曰」，即表示經文為老君所說的，並稱此經乃天人所習，由西王母授金闕帝君，金闕帝君授東華帝君，東華帝君授葛玄，皆口口相傳，不記文字，葛玄書而錄之，因以傳世。

《清靜經》，雖然字數僅三百九十餘字，但是言簡意賅，義理深奧，深為道教人士所重視並視為修持性功的首要經典，修道者必須經常修習之。關於《清靜經》的注本，現存最早的是唐末五代杜光庭注本，其他還有很多注本都收藏在明《正統道藏》裡。

《清靜經》內容提要。經文中首句就說大道無形、無情及無名，而確定了「空」與「無」的真義，經文不談有為的修持法門，而是要從修心下手，以人能常清靜才能參悟大道。老君認為「夫人神好清，而心擾之，人心好靜，而慾牽之。」要去除這些牽擾，獲得真清靜，必須「遣其欲而心自靜，澄其心而神自清」，達到「心無其心」、「形無其形」、「物無其物」、「唯見於空」的境界。但是執著於「空」，還不是究竟，更要進一步超越「觀空亦空」、「所空既無」、「無無亦無」、才能「湛然常寂」。然後「寂無所寂，欲豈能生，欲既不生，即是真靜」，直至進入常清靜的境界。如此漸入真道，名為得道。全文主旨在勸化世人清心寡欲，自然漸入一念不生，諸塵不染，終歸清靜與道合真。

先天大道章分第一

二　本文：

老君曰：大道無形，生育天地，大道無情，運行日月，大道無名，長養萬物，吾不知其名，強名曰道。

三　試解：

老君：老君即老子，姓李名聃，商周期間生於楚國苦縣。著有道德經五千言。據道書云：老子太上李老君乃太清境神寶君的化身降生。

大道：大道是在未有天地以前就有了，所以在《道德經》第二十五章老子說「有物混成，先天地生」；第四章亦云：「淵兮似萬物之宗，吾不知誰之子，象帝之先」。大道是創造萬物的總能源，亦可說是宇宙萬象萬物之始母，它獨立獨存在太空中周行不息，永恆不滅。故《道德經》第二十五章又云：「寂兮寥兮獨立而不改，周行而不殆，吾不知其名，字之曰道，強為之名曰大」。以上是老子對大道所下的定義。

「大道無形。生育天地。」

其意解是，大道是無名無狀之物，它產生一炁，一炁再化生諸天，恆星太陽即是大道的真元，宇宙的能源，太陽氣爆，氣塵為冰寒的大氣急速凝結形成為地殼。地殼內部包含著太陽氣爆所產生的高熱能岩漿，因而產生地氣上昇，天氣下降，形成大氣中的氤氳之氣，此即為自然界的天。

「大道無情。運行日月。」

其意解是，一炁真元大道化生無數的星球，觀乎銀河系的大宇宙中，無量無數的日月星宿。在浩瀚的宇宙中旋轉運行，沒有止息，也沒有偏差。宇宙自然法則，就是大道無私情，天下為公，所以才能運行日月，分秒無差，即所謂「天行健自強不息」。

「大道無名。長養萬物。」

其意解是，大道初生先天一炁，再生佈滿太空的元氣，後生環繞地球的大氣。元氣、大氣沖氣以為和而生化可名狀之萬物，並長養所有的萬物，萬象萬物皆有名，唯獨大道無名。故《道德經》第一章云：「道可道，非常道，名可名，非常名。無名，天地之始。有名，萬物之母。」

「吾不知其名。強名曰道。」

其意解是，這種能生育天地，運行日月，長養萬物的無形、無情、無名的大道，太上老君也不知道怎樣給它取個適當名稱，就勉強給它取個名字，就叫「道」吧

四　總釋

此章主旨，在教人體悟大道的本性是無形狀、無情欲、無名相的。雖然是「無」，但「有」卻是由它而生的，整個宇宙世界不能離開它而常生，有了它可以生生不息，永恆常存。作為一個學道者，我們從本章得到了什麼樣的啟示呢？筆者認為今天的社會，我們太需要學習大道的精神，其一，即行公（道）不要塑造權威形像，誠如《道德經》第六十六章所云：「江海所以能為百谷之王

者，以其善下之，故能為百谷王。」又在第十章云：「生而不有」，天地萬物皆其所生，大道卻不想占有他們，何況是人呢？所以老子主張功成事遂不名有。其二，即行公（道）不要挾雜私情，要效法大道無情的本質才能大公無私，修道者要體認無情勝有情的實相，也只有無情才能降服凡心的七情六慾，因此才能使自己的心境無罣礙而達於無私無念的常清靜之境界。天下最笨的人才會爭取假名相，老君說名可名非常名，即是說所有名相都是暫時借用的，不是永恒屬於你的。故《道德經》第二十二章云：「夫惟不爭名，故天下莫能與之爭。」總之，人能體悟「無形」就能捨身，也就是無憂了；人能體悟「無情」就能圓通清靜；人能體悟「無名」就能自然無為了。三者常守、涵養，大道可修成。

五　聖文

以下聖文是筆者在三峽上清宮，試解清靜經首章後，「老君之玄童子」即降臨道壇，游美玲口傳之全文。

（一）

無極三元上清境。
道本無窮應萬千。
道體生化、應化、道化等三元應化。
至道開天地。
生化萬物之形成。
創造宇宙之大命。
興化道果之真元。
今有老子能化性。

如同未有天地吾一炁。
開原動靜淨世界。
明識之靈、明識之覺、明識之道。
婉轉之元乃是混沌圓滿至道之真炁。
真道可成萬物之永長。
（二）
宇宙本體，聖開大道之神韻。
謹以真元大道之靈韻，啟以萬物契合為要妙。
要妙之鑰訣，啟於太清聖境之三聖德澤。
性與聖靈，啟於中庸之道也。啟於道本之根，乃是道根圓滿，元氣沖和之妙。神於竅妙之中，通達於應變，通達於應化，在為本體之元神，宇宙神體之根源。
今在無極聖道，啟於中庸體合應道，此乃同根之名，啟於聖道之元，啟於聖道之根，啟於無形之實，啟於無神真妙之化。余啟德育、余啟開聖元之真理，三聖德澤，三聖德育，三聖德開，妙妙通玄極妙境，妙妙通玄極玉境，妙妙通玄極德境。德於德化，育於運化，得一之真理，得一之真化，得一之妙化，得一之玄化啟於妙開智慧之本元。吾回。

道祖玄童降於上清宮　游美玲傳言

民國八十六年（丁丑年）農曆十月十日午時

造化自然章分第二

一　本文：

夫道者，有清有濁，有動有靜，天清地濁，天動地靜，男清女濁，男動女靜，降本流末，而生萬物。清者濁之源，動者靜之基，人能常清靜，天地悉皆歸。

二　試解：

道：未見炁也。

清：陽炁之始也。

濁：陰炁之始也。

動：陽也。神也。

靜：陰也。形也。

本：元也、體也、道也、元也。

末：象也、用也、術也、萬物也。

道自虛無生一，一分清濁，清炁為天，濁炁為地，沖和之炁為人，亦即是大道自無極生太極，太極本是陰陽相對的，陽動陰靜互為因果，相生相剋有生有死，這是太極界萬象萬物生生不息的道理。故老子在《道德經》第二章云：「有無相生。難易相成。長短相形。高下相傾。」之相對論，又在第四十二章云：「道生一。一生二。二生三。三生萬物。」之萬物生成的道理。

「清者濁之源，動者靜之基。」

其意解是，清者自濁所生，動者因靜所起。清者天之炁，濁者地之炁，天地皆因清濁之炁生育萬物。太極陰靜陽動兩者相互運作，才能生生化化，萬物作焉，循環不已。

「人能常清靜，天地悉皆歸。」

其意解為，若人能稟大道之祖炁使身心虛靈之神氣回歸清靜，則能體悟大道與天地合其德與日月合其明，故天地間之神氣自然與人歸一也。

三　總釋：

此章主旨在教人體悟大道的本體由無極生太極，太極陰陽二互動而生萬物。人類如果能夠體悟這個大道造化的道理，認知萬事萬物經過天地清濁、動靜、男女之相蕩而生生化化，由本到末的運行，則應該即早覺悟體道而修，而不要迷於萬境，隨波逐流，落入生死輪迴之苦海。果能如此則可放心捨身，清靜無為，德被衆生，道包天地之修道高真了。

四　本章聖靈解經如下：

無上師、無上尊、無上玄，虛空純一天清至道，仙靈大化，地億萬載，承負萬物之生存，一炁光圓，如同億萬炁胞化成萬物，造成陰陽二化，承開道門之炁，貫穿天清之炁，陰陽道轉，開明道化之真陽，開玄道元之真機，開妙地德之大哉，妙音成化，妙羅成機，誠為大德宗化妙訣之命，降本流末乃是始本之道，始本之元，乃是殊勝之命。

靈是為了天靈一道，靈是為了地靈一炁，再為萬象之根，如同人心肉體再陰陽造機，男動之清為上元之清，男動之靜昇為地濁之元，所致男動女靜，女濁清經，女有清經是一點濁中有清，男清之濁是上清下濁，女動之命，上清之明，濁炁之化，但是濁中有炁之清，乃有今天陰陽胞胎，陰陽之炁。

玄和之命，乃為玄和之胞，動化威力應無常，無常是無影之常存，無影之常相威力，威力常存一道命，君為真常包羅萬象，啟開道本之真機萬化之真藏，為昇陽之道，道之本體，陰陽互動之本元，氣納成河之通暢正是復命至機，互動之門，如同呼吸至位，常道為旨，如同呼吸之中，常道為元，如同呼吸之中相逢為姻，聖化之道。吾主玄童。

道祖玄童降於上清宮　游美玲傳言
民國八十六年（丁丑年）農曆十　月十七日午時
國曆十一月十六日

全神合道章分第三

一　本文：

夫：人神好清，而心擾之。人心好靜，而慾牽之。常能遣其慾，而心自靜。澄其心，而神自清，自然六慾不生，三毒消滅。所以不能者，為心未澄，慾未遣也。能遣之者，內觀其心，心無其心，外觀其形，形無其形，遠觀其物，物無其物，三者既悟，唯見於空，觀空亦空，空無所空，所空既無，無無既無，湛然常寂，寂無所寂，慾豈能生，慾既不生，即是真靜。真常應物，真常得性，常應常靜，常清靜矣。如此清靜，漸入真道，既入真道，名為得道，雖名得道，實無所得，為化衆生，名為得道，能悟之者，可傳聖道。

二　試解：

人神：人的元神本性也，也就是來自無極中的一炁真元分靈也。

人心：凡人之心。識心也。

六慾：眼、耳、鼻、舌、身、意所產生的慾望。

三毒：身（妄動）、心（妄想妄念）、口（妄語）。身心口所造之惡業即三毒

「夫人神好清，而心擾之。」

其意解是，人的元神本好無為清靜，其所以不得清靜者，是因為識神（凡心）不能體會清靜無為之道，而一味地追求七情六慾而干擾元神安寧。

「人心好靜，而慾牽之。」

其意解是，人的道心本好清靜而之所以不得清靜者為心中受六

慾之貪的牽引。

「常能遣其慾，而心自靜。」

其意解是，人能恒常的保持捨愛去慾之心，則私愛不生，情慾不起，自然止貪，而使神自靜，使心自清也。古仙云：「慾從心起，息從心定，心息相依，息調心靜」，此乃道家遣慾的法訣。

「澄其心，而神自清。」

其意解是，以氣息吐納調和其心，如同華池真水濾澄其凡心歸道心，自然心澄神靜，守之以虛，忘之以無，心境識神皎潔朗澈與元神合抱歸一了。

「自然六慾不生，三毒消滅。」

其意解是，修道之士若能恒常善用先天一炁之真水，洗滌其心，則自然六慾之心不起，三毒滅除滌淨。

「所以不能者，為心未澄，慾未遣也。」

其意解是，失道之士，慾心一萌，無所不至，權力牽於外，忘念煎於內心，物欲不能除也，若常能制慾，則凡心不動，凡心不動則自然澄澄焉。稽康云：養生有五難，即「名利不滅，喜怒不除，聲色不去，滋味不絕，妄念不消。」名利、喜怒、聲色、滋味及妄念皆是動心污神之物，如被此物所牽，不能糾正，則性亂情惑，永無出凡塵之日。

「能遣之者，內觀其心，心無其心。」

其意解是，能遣六慾三毒者，可以觀三元之妙道，三元者為內觀其心、外觀其形、遠觀其物。觀一元者，內觀心識如虛無之境界，見一切無心，既無其心，六慾之賊何由而生，三毒之業自然無遣之必要。無心之心才能證道合虛。

「外觀其形，形無其形。」

其意解是，觀二元者，外觀形相，不為形相所執，自然漸入無為之境，也就是無法誘動其心，執著形相之慾何能而生，三毒自然不起。《道德經》第十三章云：「吾所以有大患者，為吾有身，及吾無身，吾有何患？故貴以身為天下，可以寄天下，愛以身為天下者，可以託天下。」又玄天上帝成道於武當山捨身崖，「捨身」二字便是玄門中無上仙訣。

「遠觀其物 物無其物。」

其意解是，觀三元者，遠觀其物，不為所誘，宇宙中有形之萬物乃是生生化化之假物，一切都是一炁真元大道所生化，明瞭這個真理，自然能捨而不執物，視而不見。因為一切物都是暫時借用而已，唯有返樸歸真修道才是真實的。修道就是修靈與元神合一。

「三者既悟，惟見於空。」

其意解是，能觀三元為三無者，即可通達聖道，聖道之德性者，太虛之至空也。也就是說，修道者，若能體悟人心是幻，肉體是假，外物是魔，自然視之不見，聽之不聞，摶之不得，復歸於無，自然漸入先天無形、無情、無名的大道中，即可超凡入聖達到真空之境界。

「觀空亦空，空無所空。」

其意解是，大道無象無狀，故空亦為空相，若再把空相也加以空無，則進入真空之境界。修道者再修持真空超越，便成真空妙有，即所謂真空實相之存在。

「所空既無，無無亦無。」

大道無窮無盡，修道者，修到了心空，連一點執著都沒有了，再行超越沒有「無執無著」，則無亦不立。古仙教人「有無俱遣」，此乃遣無之玄也。

「無無既無，湛然常寂。」

湛然：深厚之狀。

常寂：凝神入空，成就圓滿道體了。

其意解是，萬有萬法，皆歸於無，修道者修到無也沒有了，則萬法皆空，成就道體圓滿了，亦即識神為元神所包容了。故《道德經》第二十五章云：「有物混成。先天地生。寂兮寥兮。獨立而不改。周行而不殆。可以為天下母。」

「寂無所寂，欲豈能生。」

其意解是，湛寂亦無，是名真靜，修道者修到寂無所寂，則元神出竅與太空同體，與太極同德，與神道並行不化而化，如此者安能有慾乎。

「慾既不生，即是真靜。」

其意解是，道以清虛寂靜為體，求靜必先遣慾，無慾則無擾，無擾則可晉入真靜。

「真常應物，真常得性。」

其意解是，真常非定體不動而是有應變，有感應通以應萬象萬物。凡欲修持恆常道性使元神本性安居心中不致遠離則可真常清靜，此即為得性，得性者真體守靜，動者動其本性與天地共參化育萬象萬物。

「常應常靜，常清靜矣。」

其意解是，道性本清靜，自然應物常用於世，無染無著，無垢無塵，可以隨機而化，以應萬象，以應萬物，但隨即復歸無心，無事、無物。故《道德經》第十六章有云：「致虛極，守靜篤，萬物並作。吾以觀其復，夫物芸芸，各歸其根，歸根曰靜，靜曰復命，復命曰常。」

「如此清靜，漸入真道，既入真道，名為得道。」

其意解是，清靜之性名為真道，人須借假修性，成就道性得真，真者能長且久，不增不減與天地齊壽，故為真道也。既入真道，體悟修仙真，鍊凡成真人，鍊真成神仙，神仙者得道也。得道神仙與天地合其德，與日月合其明，造化萬象萬物，故名為得道也。

「雖名得道，實無所得。」

其意解是，「得」之一字亦是強名，若謂實有，所得則不足以為道。修道者要做到實相無相，一切相都是虛無的東西。所以雖然說已成就道體的神仙了，但也好像虛無恍惚的樣子，根本也無所謂「得道」了。

「為化衆生，明為得道。」

其意解是，聖人為渡化衆生萬緣，故勉強以「得道」之名謂之。

「能悟之者，可傳聖道。」

其意解是，修道者若能體悟所謂人神、人心、遣慾、澄心之道理，再進一步體悟觀三元之空，則，空、空空、空無、無無、亦能有所悟，修道者修到此境界，即常應常靜而得道，當然有資格傳播聖人之道了。

三　總釋：

本章要點，在「遣慾」、「澄心」，將修道境界做到無心、無形、無物的境界之後，還要把空、無及湛然常寂之寂，也視為有名之物，遣而忘之，以達於真常清靜，即為得道。

所謂得道，所得並非有形有相之道，乃是得證虛靈本性，圓滿無缺之道，得了此道之後，可以應化應物，玄同萬物，妙合先天母炁而涵蓋運化於萬有，那就母子連心綿綿若存了。

四　聖靈對本章解經之聖文如下：

夫，人神好清，神乃天一真元，如同靜中之明燈，明燈拱照應萬象。

復元天靈至道觀，觀照四方定八元，北為通照一道性，洗心煉性調明靈，玄靈乃是至尊為公命。人心內丹要修成，造化天理在妙機，妙機在身如同羅經地盤，聖貫如同地羅天盤在測度，成為天理造法界，命為德元造生機，生機造化性命存。

內觀其心，行在心鏡，攝影成全。行命道高妙中生。玄照明池三省性，一審天心含中明，二審見地萬中承，三審性心為仙聖。行在內觀其心四方明。顯在外觀，平和行中之妙不造形。形在生象四方開，形象心界靜機玄，無中化有成形象，如在明觀遠觀物，物乃昇華妙中玄，三界造機成化全，心中玄妙性中命。

內觀其明生照機生，外觀其形生照機命，遠觀其物生照其象，動中成圓一開轉，動有轉象有明池，三者領悟其心燈，生性自有開玄妙，生化道禪一天機，生化道理一成圓，生化道果空在命，空性至元有道機。

生為生藏，空而無空，妙化真光，空一聖門，大空至聖，吾照玄旗，清明道果，人心掃除六賊之鬼，乃為生明道化，六賊之明是生機，神為統一之元神。生明道化，乃為生卦之理。

卦中玄妙有造機，三六成卦可行機，妙妙通玄應機命，帝闕相當有道性，今照聖門辦案昇，共來一點天明池，玄點至機有道轉，清心道元一性命，昇旗道轉一生機，共為主體妙玄池，妙覺誠如一道生，一道乃是承化之理，承化之妙，生存之機，欲談聖元至命，要談聖理三元！天上一點仁心！認真合炁成河！仁心乃是為道，仁心乃是為元，仁心乃是為理，可傳真理，聖期道轉，能得開照聖經之含意，玄機調明一道轉，要為人師一道性，要為人師一道元，人師開經是點化理，天師開經是點化性，明師開經是點化元。能得真理，可傳聖道，可傳真道是要天德合地德，合在人性修己律勒，能得開覺煉洗真性，吾神定在自有空一聖道，能達圓光真妙，能傳真道，聖傳矣。吾回。

道祖玄童降於上清宮　游美玲傳言
民國八十六年（丁丑年）農曆十一月八日午時
國曆十二月七日

賢愚見識章分第四

一　本文：

老君曰：上士無爭，下士好爭。上德不德，下德執德。執著之者，不明道德。衆生所以不得真道者，為有妄心，既有妄心，即驚其神，既驚其神，既著萬物，既著萬物，即生貪求，既生貪求，即是煩惱，煩惱妄想，憂苦身心，便遭濁辱，流浪生死，常沉苦海，永失真道。真常之道，悟者自得，得悟道者，常清靜矣。

二　試解：

「老君曰：上士無爭，下士好爭。」

其意解是，有修道有涵養的上等智慧之人，不貪求不爭勝，他只是正心誠意修養自己的靈性達於無為自然而常清靜。至於下士，乃為慾望強好勝自滿，自以為是，自恃而驕，遠離道德，不求真理的人。因為多慾好爭，本末倒置，視萬物為本，故終致精氣神耗盡，而失去其內在的元真，豈不哀哉！。

「上德不德，下德執德。」

其意解是，上善常德之人，不顯德以謙，視有德如浮雲不執道德。雖然常善行德，仍舊保持清靜無為而不自足不自驕。至於下德之人，很在意行善別人不知而到處宣揚，像這種人，做一點善德就銘記在心而自滿，反而失去了純樸真實及無為自然的道心了。

「執著之者，不明道德。」

其意解是，執為己德者，德性不明，何以明道哉！要知此道此德！是吾人之本元，必須常相守，應無念以養，無心以存，如此存養，才能名為有道有德之士。如果執色執空，執有執無就不叫道德了。

「衆生所以不得真道者，為有妄心。」

其意解是，妄心為禍本，有妄心則生妄念，有妄念則會行惡業。衆生所以不能得道上昇者，乃係貪圖執迷塵世中的有形、有情、有名的世界而不能自拔覺悟，終至神昏氣散精盡，離道更遠矣！

「既有妄心，即驚其神。」

其意解是，妄心萌生妄念，不知不覺中，識神異位為心的主人，元神受驚而遠離，即所謂炁散神離也。

「既驚其神，即著萬物。」

其意解是，元神驚走，識神即入主為心的主人。識神做主，妄念湧出，心為物慾所牽就一味地追求名、利、色、權等等。

「既著萬物，即是貪求。」

其意解是，凡人既著萬物之後，就會引起貪求心性，追逐名利，永不知止，永不知足，而成過份貪求。

「既生貪求，即是煩惱。」

其意解是，過份的貪求是煩惱的造因。一個人若貪非份之物而欲取之，不論取得與否，其於事前、事後，必皆煩惱交集而擾亂此人之心田無法清心。

「煩惱妄想，憂苦身心。」

其意解是，凡人因妄想而造成煩惱，是因人們損耗精氣神，不知存神養炁，煉精化氣，靜心光明，日久乃失真體，身心兩傷，憂苦何哉！

「便遭濁辱，流浪生死。」

其意解是，因凡人之心是有情性，故容易引起貪、癡心，而導致濁辱塵緣，不得淨業往生，以致墮入生死輪迴之苦。

「常沉苦海，永失真道。」

其意解是，衆生因妄心不滅而離失真道，迷戀凡塵名利物慾，故常沉於慾海而不自知，真炁一斷，元神驚走，悔之晚矣！

「真常之道，悟者自得。」

其意解是，真常之道即是妄心不生，道心常存。道心既存，心神合一，清靜無為，形將自正，心靜必清，無勞汝形，無搖汝精，乃可長生久視與日月參光，與天地為常。

「得悟道者，常清靜矣。」

其意解是，修道者能悟得大道者，即識神元神合一，形氣超俗，清靜無為則真常清靜矣！

三　總釋：

此章主旨，在教人學習大道的內涵，大道體現於人則為上士、上德。上士之人俱有上德之情操，所謂上德就是說最高尚的德且幾近於道，它是很自然的，無為的，內在的，不顯露的真常之德。其次在說明衆生所以不明得道之原因，是由于妄心之生而貪求身外之物，以致造成身心之傷害，甚至於污濁了自身的靈質而墮入輪迴之苦。因此太上老君降說《清靜經》的主要目的，在於勸人要體悟真道，以達於真常清靜的終究境界。

四　聖文：

上界高真，不爭聖元之仁。上界高人不爭權利。上界之人不爭慾海。上等之人不生貪求。下界真人欲貪傳道。下界之人欲貪迷塵。下等之人盛貪真求。下界之人欲貪物財。欲信權利生形。上等之仙，上善常德，上界至命，常存至道，不進爭權，道育參求聖全。上等之聖不貪上德，智全成慧，妙有成空，道載靈官，尚德含如真常。不存道意，難參真義實全。下德相勝不聞真理，大參聖妙。下德至神，大銜成全道紀。下德至聖，大銜子弟欲參宮聖全。大德至命，下德至全，誠為升高，萬德妙相，共存聖道，不得妄心，不欲貪求不慾成全，不欲利益尋求，同參聖域。

大道逆境成全，智慧道高，妙智昇宏，成矩成妙，道轉真藏，三載南科，聖全成機，道妙之果，大参聖意，經藏聖道，大含宇宙，生明之化，全權為道，全識為機，全識為道，全意含真，聖全道紀，捍衛聖期，為参聖道萬象庚新，玄池道果，永澈之全，天體開泰，明尊聖存，明尊聖道，明泰成機。

靈寶通真，諸神道参，生化道紀。元始成全道意含参全機道命。正聖之乩，道德真全，今在聖德佈天下，相全相有，相参真意。大地行有全方位，共参聖池全方命，全方乩命十方矩，十方之全應道性，三位成全己道命。人生貪求，永沉苦海，沉淪妄心，忘己忘了真本，忘了真意，忘了真人，必定不能参為真吾真常之道。吾有清靜，可傳聖意，能直開全，自性靈開，自性靈神，自性靈覺，自性靈尊，自意参道，正是真全，合意聖道，真全靈意之機，內参真意，大参內性金丹，妙有真化，道全聖理，大化明智，智全升高，高為玄智，妙全高玄，高鏡高照，高明至聖，高參真理，大果玄空，玄妙主明，一庭靈官，一庭開照，宇宙大道，玄參至聖，妙覺玄池，玄宇道命，宇宙宏參，鴻濛宏德升高，至為鴻蒼真全。清靜妙經，妙覺淨化，清靜虛空，聖道宏全，吾傳已回。

道祖玄童降於上清宮　游美玲傳言

民國八十六年（丁丑年）農曆十一月二十二日午時

國曆十二月二十一日

太上道祖（老子）經・史・論

中華道統叢書（二）再版

發　行／中華道統出版社
發行人／賴宗賢
登記：局版台業字第5960號
地址：台北市龍江路367號4樓
電話：02-25050825
傳真：02-25050656
總經銷／中華大道文化事業股份有限公司
地址：台北市中山區龍江路367號4樓
電話：02-25050825
傳真：02-25050656
郵撥：10798171　賴宗賢
初版：中華民國84年7月20日
再版：中華民國87年3月20日
訂價：新台幣650元